Voici **OMAR**, plein de bon sens, assez sportif et très gourmand !
Ma chère sœur **ROMANE**, une drôle de chipie !
Maître ou sorcier ? **THOMAS** va nous faire vivre une année magique.
Et mon chat **PACHA** qui se faufile partout !

CP

CYCLE 2

Lecture tout terr@in

Nouvelle édition

Sous la direction de Jérôme Lurse

Hélène Montardre
a écrit l'histoire
de Lila et de ses amis

Bordas

Remerciements

Un grand merci aux enseignantes et aux élèves de CP des écoles Edouard Herriot à Lyon, Buffault et Capitaine Lagache à Paris qui ont bien voulu participer à l'expérimentation de cette méthode. C'est grâce à leur bonne volonté et à leurs qualités professionnelles que la méthode a pu voir le jour et être enrichie.

Cette nouvelle édition a pris en compte les commentaires avisés de C. Martin, F. Moulin, H. Terrat et V. Tondi, enseignantes de l'école Edouard Herriot à Lyon.

Nous remercions également Jack Sagot, enseignant-formateur à L'Institut national supérieur de Suresnes (INSHEA).

ISBN : 978-2-04-732636-7

Avant-propos

Une méthode qui met la lecture à la portée de tous les élèves

Lecture tout terrain couvre toutes les dimensions de la maîtrise du langage et de la langue française. Ses objectifs principaux sont d'amener **tous les élèves** à apprendre à lire et à les rendre autonomes en développant leur intérêt pour la littérature.

Le manuel

- Une large place est consacrée aux **textes du patrimoine ou de littérature de jeunesse contemporaine pour permettre à tous les élèves d'entrer dans la culture.**

Pendant une première période, les textes sont lus à haute voix par l'enseignant, l'élève n'étant pas encore à même de les lire[1]. On privilégie ainsi l'accès au sens, la richesse du vocabulaire et des débats autour de sujets fondamentaux.

Pour chaque leçon, des pistes de littérature de jeunesse sont indiquées sur le site www.bordas-ltt.fr.

Pour parfaire cette ouverture sur le monde, des écrits fonctionnels rythment l'année : enseignes, prospectus, etc.

- **Des textes courts, écrits par Hélène Montardre, auteur de jeunesse reconnue, permettent à tous les élèves d'apprendre à comprendre**.

Ces textes ont avant tout pour but de favoriser le plaisir de lire et la compréhension de textes que l'enfant a lui-même décodés. Ces épisodes courts, proches du quotidien des enfants, alternent avec les textes du patrimoine et permettent un travail explicite sur la compréhension. Ces textes deviennent entièrement lisibles par les élèves dès la deuxième période[2].

- **L'apprentissage du code est très progressif** et sécurisant, minutieusement structuré du simple au compliqué (phonème → graphème → syllabe → mot → phrase → texte), de sorte que **les élèves en difficulté ne « décrochent » pas.**

Dans une première phase, on aborde les binômes phonèmes-graphèmes bijectifs simples (un seul phonème pour un seul graphème) composant des syllabes de type Consonne-Voyelle (CV), puis V-C, puis C-C-V. Dans un deuxième temps, sont abordés les phonèmes plus complexes dont les graphèmes utilisent des lettres déjà apprises. Enfin viennent les cas dans lesquels les lettres se prononcent différemment selon les lettres qui les suivent et/ou les précèdent.

Toutefois, afin de pouvoir très tôt lire des textes intrinsèquement motivants, un ou plusieurs mots outils, composés de lettres déjà apprises, sont introduits dans chaque leçon.

- Une approche originale, progressive et structurée pour **enseigner les premières bases du français à tous les élèves.**

Les programmes de 2008 indiquent avec précision les notions de français qui doivent être abordées dès le CP. Ces premiers éléments de grammaire, orthographe et vocabulaire sont mis en place progressivement et rebrassés régulièrement tout au long de l'année afin que tous les élèves se familiarisent avec eux.

- À la fin de chaque période, une **unité de révision** permet de faire le point.

Le livre du maître

Pour chaque unité, le livre du maître permet à l'enseignant de préparer efficacement son cours, en lui suggérant de nombreuses activités collectives et individuelles de révision, de découverte et de synthèse, qu'il sélectionne selon ses besoins.

Il y trouvera les difficultés classiques et des **outils de remédiation**, ainsi que des bases lexicales évitant des recherches fastidieuses. Des **suggestions d'exploitations d'albums** en lien avec les thématiques des textes du manuel sont proposées régulièrement. À la fin de chaque période, une **évaluation photocopiable** permet de mesurer le niveau de chaque élève et d'indiquer les points forts et les faiblesses à travailler.

Les cahiers de l'élève

L'élève y travaille individuellement ces différentes compétences : lecture et écriture de lettres, de syllabes, de mots, de phrases et de textes, discrimination auditive et visuelle, compréhension de phrases et de textes, production d'écrits et étude de la langue.

Une méthode efficace testée en site

Une expérimentation dans plusieurs classes a permis une évaluation et une amélioration de la méthode.

Nous souhaitons qu'élèves, parents et enseignants apprécient plus encore l'efficacité de cette **nouvelle édition** de *Lecture tout terrain.*

Les auteurs

---

1. Ces textes sont signalés par le picto . 2. Ces textes sont signalés par le picto . Les mots entièrement lisibles apparaissent en noir.

Sommaire

1 [a] [i]

Histoire de Lila

C'est la rentrée

Ce matin, Lila ne dort pas.
Elle est très énervée.
Alors, elle se lève et s'habille.
Depuis le **lit**, Pacha le **chat** la regarde. Il miaule :
– Miaou !
– Chut, Pacha ! Tu vas réveiller tout le monde !
– RÉVEILLER QUI ? gronde une voix.
– Aaaaah ! hurle Lila.
Elle se retourne.
– À ta place, je ne serais pas si pressée,
dit sa sœur Romane. Je connais ta maîtresse,
elle est é-pou-van-ta-ble !
Une vraie sorcière…

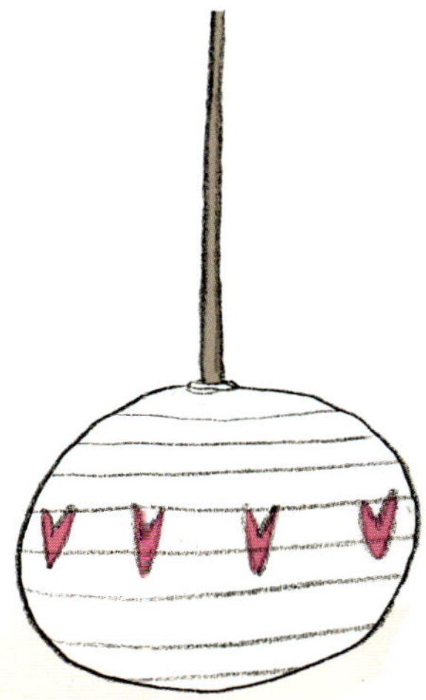

Compréhension – Débat

- Pourquoi Lila ne dort-elle pas ?
- Que fait Romane ?
- À quoi pensais-tu le matin de la rentrée des classes ? Raconte.

d'autres lectures sur www.bordas-ltt.fr

A a I i

A a I i

le chat

le chat

le lit

le lit

Je lis des lettres

a	i	i	a	a	i	a	i	i	a
i	a	i	i	a	a	i	a	i	a

Je lis des lettres

i	a	a	i	i	a	i	a	a	i
a	i	i	i	a	a	i	i	a	a

Je dis le mot à haute voix quand j'entends le son [a] ou le son [i].

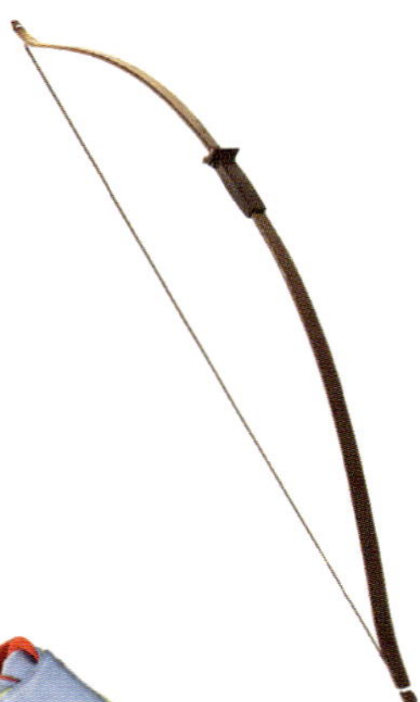

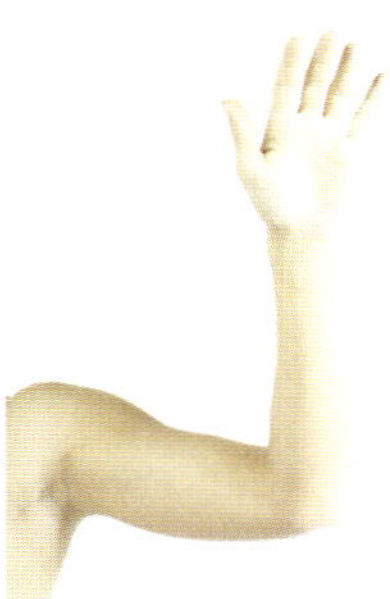

2 [o] [ɔ] [y]

Les bruits

Le téléphone sonne
Et le tonnerre tonne,
Le porc dodu grogne
Et la **porte** cogne.

La grue, elle, glapit,
Le **buffle** mugit,
La **moto** rugit
Et le bébé rit.

Compréhension – Débat
- Quel bruit fait le tonnerre ?
- Quel est le cri du buffle ?
- Trouve d'autres cris d'animaux.

d'autres lectures sur www.bordas-ltt.fr

Oo Uu
Oo Uu

la porte
la porte

la moto
la moto

le buffle
le buffle

Je lis des lettres

o u o u u o o u u o

i o a u a i o u u o

Je lis des lettres

o u o o u u o u o u

i a u o a i o u i o

Je dis le mot à haute voix quand j'entends le son [o], [ɔ] ou le son [y].

En retard !

Dans la cuisine, Lila prend son petit-déjeuner.
Les mots de Romane galopent dans sa tête : sorcière…
épouvantable… Et si sa sœur avait raison ?
– Lila, dit papa, tu vas être en retard !
Mais Lila n'a pas dit au revoir à Pacha !
Et Pacha a disparu…
Il n'est pas dans son panier…
Il n'est pas devant la porte…
– Il a dû sortir fumer sa **pipe**, murmure Lila.
Papa sourit.
Sa Lila est vraiment une drôle de petite fille !
Elle est toujours en train d'inventer des histoires !

Compréhension – Débat

- Pourquoi Lila doit-elle se dépêcher ?
- Pourquoi papa sourit-il ?
- T'est-il arrivé déjà d'être en retard ? Raconte.

d'autres lectures sur
www.bordas-ltt.fr

P p P p

la **pipe**

la **pipe**

Je lis des lettres

p a p o p i p u a p

i p a p o p u i p o

Je lis des syllabes

p-a → pa   p-i → pi   p-o → po   p-u → pu

pu pa pi po pu pi po pa

po pi pa po pa pu pi pu

Je lis des syllabes

p-a → pa   p-o → po   p-u → pu   p-i → pi

pa pi pu po pa pi pa pu

po pa pi po pu po pi pa

Je dis le mot quand j'entends pa, pu ou pi.

4 [ə]

Complainte du petit cheval blanc

Le petit **cheval** dans le mauvais temps,
qu'il avait donc du courage !
C'était un petit cheval blanc,
tous derrière et lui devant.

Il n'y avait jamais de beau temps
dans ce pauvre paysage.
Il n'y avait jamais de printemps,
ni derrière ni devant.

Mais toujours il était content,
menant les gars du **village**,
À travers la pluie noire des champs,
tous derrière et lui devant.

Paul Fort, *Ballades françaises*,

Compréhension – Débat

- De quelle couleur est le petit cheval ?
- En quoi le petit cheval avait-il du courage ?
- Pourquoi le petit cheval était-il toujours content ?

d'autres lectures sur
www.bordas-ltt.fr

E e
ℰ e

le cheval
le cheval

le village
le village

Je lis des lettres

e p i p o u a e p e

e a p o i a i e p e

Je lis des syllabes

p – e → pe

p – e → pe

pa pe pi po pu pe pu pi

pe pa pu pe pi po pe po

pe pu po pe pu po pa pi

Je dis le mot à haute voix quand j'entends le son [ə].

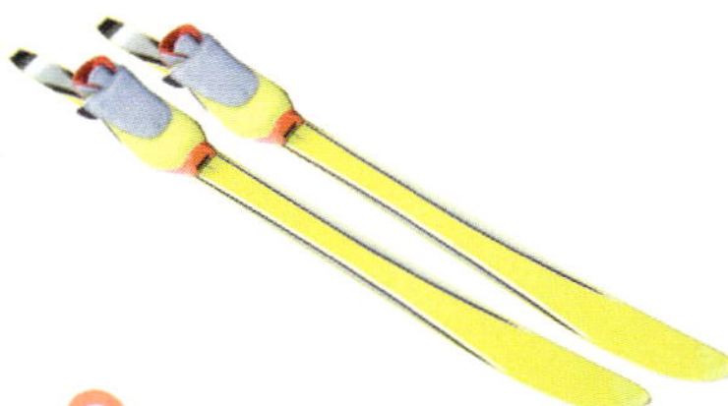

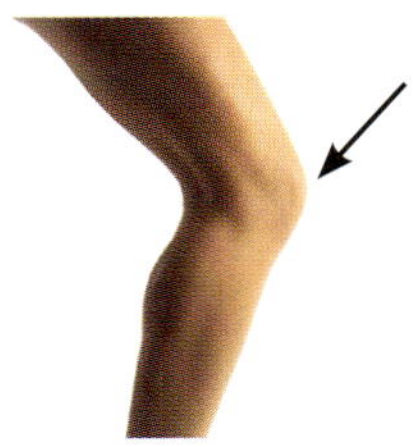

La maîtresse est une sorcière…

Dans la cour, Lila retrouve Élio,
son meilleur ami.
Elle lui chuchote :
– Ma sœur dit que notre maîtresse
est une sorcière.
– Vraiment ? s'étonne Élio. Cherchons-la !
– La dame en pantalon noir ? propose Lila.
– Non. Trop souriante, déclare Élio.
– Celle avec la robe couleur de **lune** ? dit Lila.
– Mais non ! Pas assez vieille ! s'exclame Élio.
Soudain, on appelle :
– Les enfants ! Venez !
Lila et Élio se regardent : la maîtresse des CP
est… un maître !
Élio éclate de rire :
– Ta sœur raconte n'importe quoi !
Lila ne répond pas. Et si le maître était un sorcier ?

Compréhension – Débat

- Qui Lila et Élio cherchent-ils dans la cour ?
- Qui appelle les enfants ?
- Pourquoi, à la fin, Lila ne répond-elle pas ?
- Connais-tu une histoire de sorcières ? Raconte.

d'autres lectures sur
www.bordas-ltt.fr

L l
L l

la lune
la lune

Je lis des lettres

l i i l l i l i l i

a l e o i p l u l p

l p i a l o e l i l

Je lis des syllabes

l - a → la   l - e → le   l - i → li   l - o → lo

l - i → li   l - a → la   l - u → lu   l - e → le

lu la le li lo pa pi lo

la le li po lu lo pe pu

Je lis des mots

pi - le → pile   pi - pe → pipe

la - pe → lape   pa - pa → papa

Je lis des mots

le papa   la pile   la pipe   le pôle

poli   la pie   le papa   la pile

6 [t]

Tortue têtue

Tortue, pourquoi te tais-tu ?
Tortue, tu es têtue !
Tortue, pourquoi te tais-tu ?
Tortue, tu es têtue !
[…]
Sans t'arrêter tu te terres,
mais pourquoi te terres-tu ?
Tu t'obstines à te taire
comme si on t'avait battue.
[…]

Anne Sylvestre, *Nouvelles Fabulettes*,

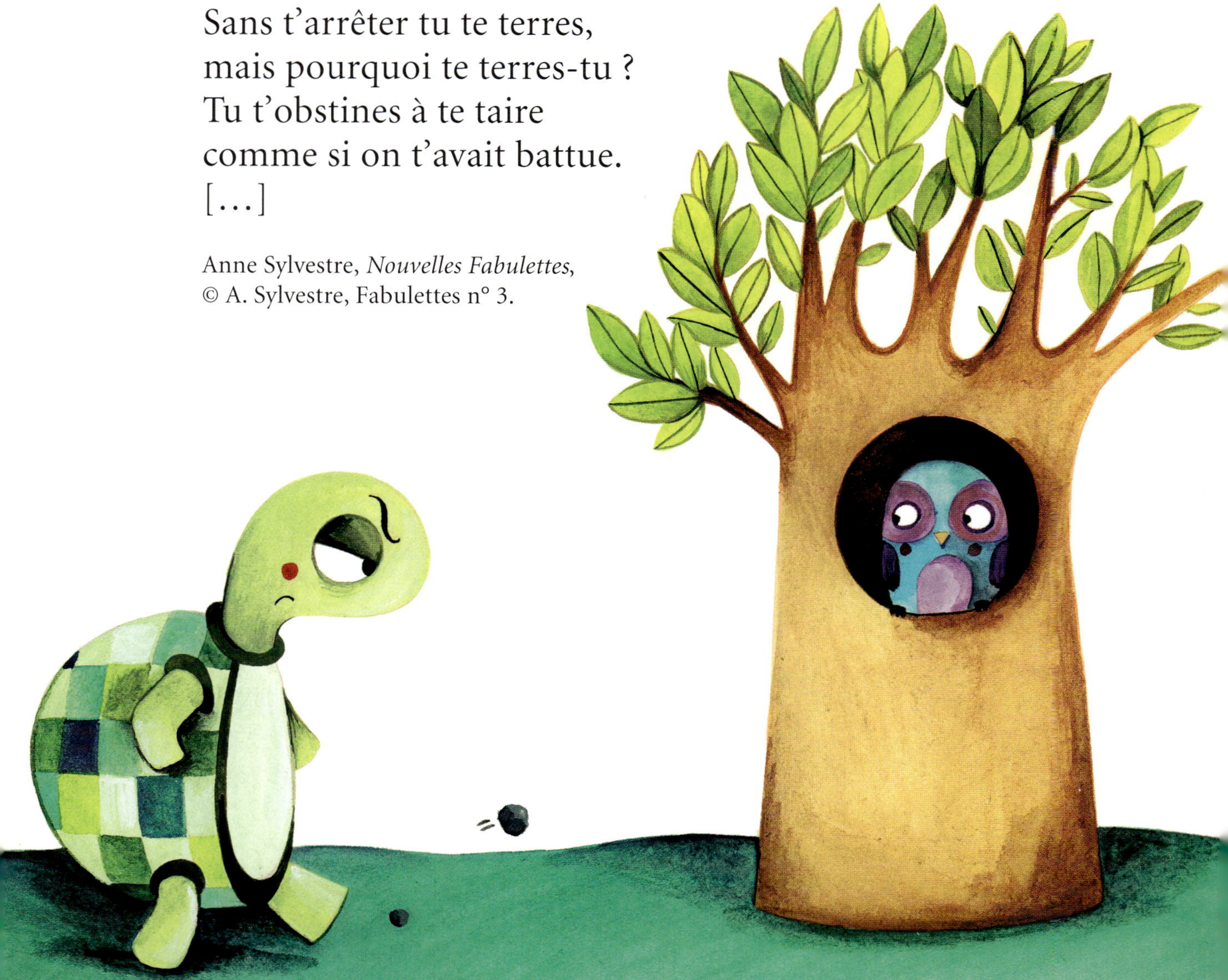

Compréhension – Débat

- Que signifie être têtu(e) ?
- Que signifie s'obstiner ?
- As-tu déjà été têtu(e) ? Raconte.

d'autres lectures sur
www.bordas-ltt.fr

T t
T t

la tortue
la tortue

Je lis des lettres

t l u e o p t l t i

l t p a u e l t i o

t p l e i t a l t o

Je lis des syllabes

t-a → ta	t-e → te	t-i → ti	t-o → to
t-u → tu	t-a → ta	t-o → to	t-e → te

ti to pu tu pe la ta te

ta te pi to lo tu le ti

Je lis des mots

ta-pe → tape	pe-ti-te → petite
tu-tu → tutu	pi-lo-te → pilote

Je lis des mots

le pilote l’otite le tutu le tipi

la petite tulipe la pelote le pilote la lotte

Une année magique

Dans la classe, Lila s'assoit à côté d'Élio, Anita à côté d'Ulysse, Marine à côté d'Omar, Inès à côté de Paco…
Le maître annonce :
– Je m'appelle Thomas. Qui sait ce que nous allons faire cette année ?
– Partir en voyage en Afrique ! lance Marine, l'aventurière.
Le maître éclate de rire.
– Marine, nous allons bien voyager… mais sans quitter l'école !
– Ah bon ? s'étonne Omar.
– Oui, nous allons faire un voyage magique.
Nous allons apprendre à lire.
– Alors, confie Lila à Élio, le maître n'est pas un sorcier.
C'est un magicien…

Compréhension – Débat
- Quel est le prénom du maître ?
- Qu'est-ce que les enfants vont faire cette année ?
- Que confie Lila à Élio à la fin du texte ?
- Es-tu déjà parti(e) en voyage ? Raconte.

d'autres lectures sur www.bordas-ltt.fr

A E I O

U L P T

A E I O

U L P T

Anita

Élio

Omar

Thomas

Ulysse

Lila

Je lis des lettres majuscules

A P E P A T A T A E

I O L O P A O L E T

U T I E A U P I U E

Je lis des lettres majuscules

A E I E A T E A T E

O U A P E O U T E L

P L A L P E T U L P

Je lis des prénoms

Lila Ali Tao Lili Pola

Tao Lili Élio Pola Lila

8 [e]

Dodo

Dodo le **bébé**
Le bébé va faire dodo

Il a crié le bébé
Toute la journée
Il a bu son lait bébé
Il est fatigué

Dodo le poisson
Le poisson va faire dodo

Il a nagé le poisson
Toute la journée
Il a trop tourné en rond
Il est fatigué

Dodo le papa
Le papa va faire dodo

Il gagne des sous papa
Toute la journée
Et quand il revient papa
Il est fatigué

Paroles et musique : Henri Dès,
extrait du disque n° 7 *La glace au citron*,
Disques Mary-Josée 197 121-2.

Compréhension – Débat

- Nomme les trois personnages qui dorment dans cette chanson.
- Pourquoi le bébé est-il fatigué ?
- Pourquoi es-tu fatigué le soir ?

d'autres lectures sur
www.bordas-ltt.fr

É é
É é

le bébé
le bébé

Je lis des lettres

é e p t i o é l I É

l é e i a u p é O E

Je lis des syllabes

l-é → lé

p-é → pé

t-é → té

p-é → pé

t-é → té

l-e → le

pé pe té pa te lé le pi

pa té lé pi lu pé to le

Je lis des mots

é-té → été

té-lé → télé

é-ta-pe → étape

la-pé → lapé

pelé tapé le papi l'épée l'épi le pétale

Je lis des phrases

Léa a papoté.
Élio a épaté Lila.

Léo a appelé Ali.
Tao a pilé l'épi.

Drôle d'histoire

– Sortez votre trousse, dit le maître.
Lila, on n'attend plus que toi !
Lila fouille dans son cartable.
Sa trousse n'y est pas.
Elle réfléchit puis elle dit très vite :
– C'est le **rat**, maître ! Il a volé ma trousse !
Toute la classe éclate de rire.
Le maître demande :
– Quel rat, Lila ?
– Un rat qui habite de l'autre côté du mur.
Il n'est pas très gentil…
Ce matin, il a pris ma trousse !
– Lila est une menteuse ! s'écrie Omar.
– Oh ! Non ! sourit le maître.
Lila est juste une raconteuse d'histoires !

Compréhension – Débat
- Que cherche Lila dans son cartable ?
- Pourquoi les enfants éclatent-ils de rire ?
- As-tu déjà oublié des affaires de classe à la maison ?
- Qu'as-tu dit à ta maîtresse/à ton maître ?

d'autres lectures sur www.bordas-ltt.fr

R r
R r

le **r**at
le **r**at

Je lis des lettres

r l p t r i r u R P

r i o r p t l r A R

Je lis des syllabes

r - a → ra
r - i → ri

r - e → re
r - o → ro

r - é → ré
r - u → ru

ra re té ré ri ro ru ti

ru li ro pa ré le ta ra

Je lis des mots

ti - ré → tiré
li - re → lire

ra - té → raté
ri - re → rire

rare l'opéra râpé la parole

le rôti la tirelire retiré le pirate

Je lis des phrases

Le pirate a ri.

Rita a la parole.

10 [s]

Au restaurant

Aujourd'hui, toute la famille va au restaurant.
On s'installe à une table au milieu de la salle.
Papa commande le menu du jour pour tout le monde.
En apportant la **sole**, le serveur salit la veste de papa.
En servant la salade, il tache la jupe en satin de maman.
Au dessert, il fait tomber de la mousse au chocolat
sur mon sac. Et au café, il renverse le sucrier
sur la salopette de mon frère.
Il a gâché notre déjeuner !

Compréhension – Débat

- Où est allée toute la famille ?
- Qu'y avait-il au menu ?
- T'est-il déjà arrivé qu'une fête soit un peu gâchée ? Raconte.

d'autres lectures sur www.bordas-ltt.fr

S s
S s

la **s**ole
la **s**ole

il

Je lis des lettres

s r s t s l s o S T

s l r s t p o s R S

Je lis des syllabes

s-i → si
s-o → so
s-u → su
s-a → sa
s-e → se
s-é → sé

si se ri sé su pe so sa

sé ru sa so pe se lu si

Je lis des mots

sa-le → sale
sa-lé → salé
sa-lu-é → salué
so-le → sole

lasse la sole la tasse sotte passé lisse

Je lis des phrases

Papa a rassuré Sara.

Lila a salué papa.

Il t'a passé sa tasse.

L'été passe.

11 [n]

C'est la récréation

– Élio, tu viens jouer au **navire** avec nous ? demande Lila.
– Non, répond Élio. Je joue aux dominos avec Omar.
– C'est nul, les dominos…, commente Lila.
– Non, c'est toi qui es nulle, crie Élio.
– Quel mauvais caractère ! fait Marine.
Ne t'occupe pas de lui, Lila.
Mais Lila est très ennuyée car Élio est son ami.
Alors elle chantonne :
– *Sur un petit navire,*
On jouait aux dominos…
Élio sourit. Avec Lila, impossible de rester fâché longtemps !

Compréhension – Débat

- À quoi Lila veut-elle jouer ?
- Lila aime-t-elle jouer aux dominos ?
- Pourquoi Élio est-il en colère ?
- À quoi joues-tu à la récréation ?
- Comment y joue-t-on ?

d'autres lectures sur www.bordas-ltt.fr

N n
𝒩 𝓃

le **n**avire
le **n**avire

lui

Je lis des lettres

n e p s u o n u N S

n o a t u n p l S N

Je lis des syllabes

n-i → ni
n-e → ne
n-é → né
n-a → na
n-o → no
n-u → nu

na re né ni ra no nu ne

ro ni ru no na re ne né

Je lis des mots

lu-ne → lune
é-pi-ne → épine
na-tu-re → nature
â-ne → âne

la lune une tétine la nature la nappe

une épine une natte inutile une année

Je lis des phrases

Lila a étonné papa.
Une année passe.
Il lui a retiré une épine.
Papa a puni Élio.

12 [d]

Le petit poisson futé

Il était une fois dans la mer une Baleine qui mangeait les poissons.
Elle mangea le hareng et le merlan, le turbot et le maquereau, le thon et l'espadon, la **dorade** et sa camarade, l'anguille habile et lisse qui glisse.
Tous les poissons qu'elle put rencontrer dans toute la mer, elle les mangea avec sa bouche, comme ça !
Jusqu'à ce qu'enfin il ne restât plus qu'un seul petit poisson dans toute la mer, et c'était un petit Poisson Futé qui nageait juste derrière l'oreille droite de la Baleine, où il est toujours à l'abri.

D'après Rudyard Kipling,
Les Histoires comme ça pour les enfants, « Comment la Baleine acquit son gosier ».

Compréhension – Débat

- Que mangeait la Baleine ?
- Comment a fait le petit poisson pour ne pas être mangé par la Baleine ?
- Qu'en penses-tu ?

d'autres lectures sur www.bordas-ltt.fr

D d
D d

la **d**ora**d**e

la **d**ora**d**e

est à

Je lis des lettres

p l d o n s d p S D

s d l p d o p d N D

Je lis des syllabes

d-a → da   d-é → dé   d-i → di

d-o → do   d-u → du   d-e → de

de do pi du pa dé da di

du dé po pu di pa da de

Je lis des mots

pé-da-le → pédale   do-ra-de → dorade

le dé   une salade   rapide   dérapé

donne   dire   doré   une dune

Je lis des phrases

Élodie donne de la salade à René.

La dorade est petite.

Papa a réparé la pédale du pédalo.

À la fête

Le manège s'arrête et Marine court vers la **moto**.
Mais Omar y monte avant !
Marine n'est pas contente.
– Viens sur le lama, lui dit Lila.
– Non, répond Marine. Je veux la moto.
Omar est sur la moto et il met le casque.
Lila lui dit :
– Le dernier qui a mis ce casque avait des poux.
– Beurk ! fait Omar.
Et il descend de la moto.
– Marine ! appelle Lila. La moto est libre !
Le manège démarre. Marine est sur la moto
et Lila dans le carrosse.
Et Omar ? Omar est monté sur le lama.

Compréhension – Débat

- Sur quoi Marine veut-elle monter ?
- Que fait-elle pour y arriver ?
- Pourquoi Omar descend-il de la moto ?
- Es-tu déjà allé(e) dans une fête foraine ?
- Quelle attraction préfères-tu ? Pourquoi ?

M m
M m

la **m**oto
la **m**oto

et

Je lis des lettres

m n o d n m u m N M

m n u m d p n m D M

Je lis des syllabes

m-o → mo　　m-e → me　　m-u → mu

m-i → mi　　m-a → ma　　m-é → mé

ma me ni mé mi mo ne mu

na mo mu ni no me ma né

Je lis des mots

ma-la-de → malade　　a-mi → ami

ra-me → rame　　mi-di → midi

la mélodie　　une minute　　le lama　　la mie

une pomme　　la morale　　une mule　　le mari

Je lis des phrases

Marine est malade.
Élio est l'ami de Lila et d'Omar.
Romane a ramassé une pomme.

Je classe des mots

1 Dans l'image à gauche, cherche et dis le nom de :

5 choses	5 animaux	5 personnes
• Tout ce qui n'est pas vivant s'appelle une **chose**. *Exemple :* Un livre est une **chose**.	• Un **animal** est un être vivant qui se déplace. *Exemple :* Un chat est un **animal**.	• Une **personne** est un être vivant qui parle. *Exemple :* Le docteur est une **personne**.

2 Dis si le mot est un nom de chose, un nom d'animal ou un nom de personne.

le lama

la pie

le papi

une pile

ma mamie

une moto

une tasse

le pilote

le pirate

3 Cherche autour de toi :

- dans la cuisine : un nom d'aliment
- dans ta famille : le nom d'un métier
- dans ta chambre : le nom d'un jouet

Un **aliment** est quelque chose qui se mange.

Je fais le point 1

1 Je connais les lettres.

a i o u p e l
t é r s n d m

a i o u p e l
t é r s n d m

A I O U P E L
T É R S N D M

2 Je sais faire la différence.

d p n m e é o a

3 Je connais les syllabes.

l-a → la t-u → tu m-i → mi d-é → dé

4 Je sais lire les mots.

no-te → note a-mi → ami
ma-la-de → malade sa-me-di → samedi

la pile une minute la lune une dorade
salé une pomme midi une tomate

5 Je sais lire les mots outils et je les utilise dans une phrase.

il lui est à et

6 Je sais lire les phrases.

Papa a réparé la moto.
Lila m'a donné de la salade.
Samedi, Ali a été malade.
Marine a donné une tomate à Lila.

Je comprends et je réponds.

Questions à lire par l'enseignant

- Qui a réparé la moto ?
- Que m'a donné Lila ?
- Quand Ali a-t-il été malade ?
- À qui Marine a-t-elle donné une tomate ?

7 Je sais faire une phrase avec ces mots et je la recopie.

Papa | Lila | Élio | Sami | René

répare | a ramassé | a donné

le | la | une

dorade. | moto. | domino. | panne.

8 Je sais trouver les mots qui désignent des animaux.

le domino | l'otarie | la lune | le lama

l'île | le puma | la pie | l'âne

14 [v]

Le vélo de Romane

Le **vélo** de Romane est démoli !
Et Romane accuse **sa** sœur Lila :
– Tu es montée **sur** mon vélo !
– Même pas vrai ! assure Lila.
Romane crie :
– Papa te punira !
– Ce n'est pas moi, dit Lila. C'est maman…
– Arrête d'inventer des histoires ! hurle Romane.
Heureusement, maman arrive. **Elle** dit :
– Lila dit la vérité. C'est moi. J'ai attrapé **un** sac et ton vélo est tombé.

Compréhension – Débat

- Pourquoi Romane accuse-t-elle Lila ?
- Qui a fait tomber le vélo ?
- Est-ce que Lila a menti ?
- As-tu été parfois injustement accusé(e) ? Raconte.

d'autres lectures sur www.bordas-ltt.fr

V v
V v

le **v**élo
le **v**élo

un sur elle

Je lis des lettres

v u n m n u a u V U

v u a o v i é u M V

Je lis des syllabes

v - a → va | v - e → ve | v - é → vé

v - i → vi | v - o → vo | v - u → vu

vo va ne vé vi nu vu ve

ni vé ru mo va vu no vo

Je lis des mots

dé - ra - pe → dérape | ra - vi → ravi

vi - te → vite | vi - de → vide

la vérité avalé le navire l'avenue

la laverie l'olive vide lave

Je lis des phrases

Romane a un vélo. Papa est ravi.
Elle va vite sur le pavé.
Lila a-t-elle démoli le vélo de Romane ?

15 [ɛ]

Pinocchio a faim

Pinocchio ressentit un petit creux à l'estomac.
Ce petit creux, chez les enfants, se transforme vite en véritable faim. La faim devient faim de loup et donne mal à la **tête**.
Le pauvre Pinocchio commença par se ruer vers la cheminée, où il vit une casserole. Mais la casserole n'étant qu'une peinture murale, imaginez sa stupeur !
Son nez, déjà long, s'allongea encore plus, d'au moins quatre doigts.
Alors il se mit à courir comme un fou, fouilla dans toutes les boîtes, inspectant les placards, rêvant d'y trouver un peu de vieux pain, un croûton, un os pour chien, une arête de poisson ou un noyau de cerise. Hélas, il ne trouva rien, absolument rien, rien de rien.
Il se mit à pleurer :
– Pourquoi me suis-je révolté contre mon **père** ?
Pourquoi me suis-je sauvé de chez moi ?

Carlo Collodi, *Les Aventures de Pinocchio.*

Compréhension – Débat

- Qu'est-il arrivé à Pinocchio quand il a eu faim ?
- Pourquoi a-t-il couru vers la casserole ?
- As-tu déjà regretté d'avoir désobéi ? Raconte.

d'autres lectures sur www.bordas-ltt.fr

è ê
è ê

la tête
la tête

le père
le père

son mon

Je lis des lettres

è ê é e é è e ê È V

e é ê è é e è ê D E

Je lis des syllabes

p-è → pè m-é → mé r-è → rè

p-ê → pê m-ê → mê r-ê → rê

pè tê de vê mê sè le dè

Je lis des mots

é-lè-ve → élève mê-me → même

la tête	le modèle	l'arête	la mère
le père	le rêve	la vipère	têtu

Je lis des phrases

Il a mal à la tête.
Il est têtu.
Il est mon élève.

Il rêve d'une arête.
A-t-il obéi à son père ?

La partie de foot

Lila n'aime pas le foot. Elle a peur de la **balle** !
– Va dans les buts ! lui dit Omar.
Elle lui passe la balle, la tête basse.
À présent, c'est Élio qui a la balle.
Il vole vers les buts !
Lila est terrifiée. Il va tirer !
Vite ! Omar bondit et donne un coup de tête dans la balle. La balle est déviée.
Omar a évité le but !
Vive Omar !

Compréhension – Débat

- Pourquoi Lila n'aime-t-elle pas jouer au foot ?
- Pourquoi dit-on à la fin : « Vive Omar ! » ?
- Préfères-tu les jeux collectifs ou les jeux individuels ? Pourquoi ?

d'autres lectures sur www.bordas-ltt.fr

B b

𝓑 𝒷

la **b**alle

*la **b**alle*

dans

Je lis des lettres

b d p d è v b d B V

b l d p s r b m N B

Je lis des syllabes

b-a → ba	b-i → bi	b-o → bo	b-u → bu

bè dè bi bu do ba bo da

Je lis des mots

bo-bi-ne → bobine   ro-be → robe

le tube	la bosse	la botte	abîmé
le lavabo	le boa	la bulle	butiné
la banane	le bolide	la bassine	obéi

Je lis des phrases

Lila a passé la balle à Omar.

Omar a tapé la balle.

Il a évité le but.

La pommade est dans le tube.

17 [f]

La fée

Il était une fois une veuve qui avait deux filles.
La mère et la fille aînée étaient désagréables et orgueilleuses.
La cadette était douce et honnête, et de plus était très belle.
Cette mère était folle de son aînée et n' aimait pas sa cadette.
Elle la faisait manger à la cuisine et travailler sans cesse.
Cette pauvre enfant allait deux fois par jour puiser de l'eau à une demi-lieue de la maison, et en rapportait une grande cruche.
Un jour qu'elle était devant la fontaine, une pauvre femme, portant un habit d'une étoffe grossière, lui demanda à boire.
– Oui, dit la fille ; et elle puisa de l'eau à la fontaine.
Ayant bu, la vieille femme, qui était une **fée**, lui dit :
– Vous êtes si belle, si bonne, et si honnête, que je vais vous faire un don. À chaque parole que vous direz, il vous sortira de la bouche une pierre précieuse.

D'après Charles Perrault, *Les Fées*.

Compréhension – Débat
- Quelles différences y a-t-il entre les deux sœurs ?
- Quelle est l'attitude de la mère ?
- Pourquoi des pierres précieuses sortent-elles de la bouche de la cadette ?
- Est-ce bien qu'une mère préfère un de ses enfants ? Pourquoi ?

d'autres lectures sur www.bordas-ltt.fr

F f
F f

la **fée**
la **fée**

devant   ne… pas

Je lis des lettres

f   t   l   i   d   f   t   f   F   B

f   i   l   f   b   è   t   f   D   B

Je lis des syllabes

f-a → fa   f-ê → fê   f-è → fè   f-o → fo

fu   ta   vi   fa   fe   fé   to   fi

Je lis des mots

fè-ve → fève   fa-ri-ne → farine

fi-ni → fini   fê-te → fête

la fumée   la fée   l'étoffe   un fil   affamé   fine

Je lis des phrases

Elle est devant la fée.
L'étoffe de sa robe n' est pas fine.
Elle est si bonne.
Il lui suffira de dire une parole.

Même pas peur !

Omar et Élio jouent dans la rue.
Mais un gros chien arrive !
– Je n'ai pas peur, dit Omar. Je fais du **judo** !
– Ça ne sert à rien avec un chien, s'énerve Élio.
Le chien jappe. Élio n'est pas rassuré.
Omar non plus.
– Jo, ici ! fait une voix.
C'est Marine. Elle s'exclame :
– Vous avez peur de Jo !
– Non, non ! assure Omar. Il est joli, ton chien…
– Juste un peu gros, non ? ajoute Élio.

Compréhension – Débat

- Pourquoi Élio et Omar ne sont-ils pas rassurés ?
- Qui est Jo ?
- Que dit Omar ? Est-ce que tu le crois ?
- T'est-il déjà arrivé d'avoir peur ? Raconte.

d'autres lectures sur www.bordas-ltt.fr

J j
J j

le **j**udo
le **j**udo

mais

Je lis des lettres

j f i j l d b j J F

j l j f d b j i M N

Je lis des syllabes

j-a → ja   j-e → je   j-u → ju   j-o → jo

je lu jo tu ja jé lo ju

Je lis des mots

jo-li → joli   re-je-té → rejeté   ju-do → judo

la jetée
joli

le judo
rejeté

Je le jure.
Il jappe.

Je lis des phrases

Lila a une jolie jupe.
Omar adore le judo.
Élio est l'ami d'Omar.
Il a vu Jo mais il n'est pas rassuré.

19 [z]

Au pays du z...

Zoé est allée au zoo. Elle voulait voir un zèbre.
– Tiens, le voilà, ton zèbre ! a dit la maman de Zoé.
– Zut ! a dit Zoé au zèbre. Zut et rezut !
Le zèbre a été bien étonné, et la maman de Zoé aussi.
– Tu n'aimais pas ce zèbre ? lui a-t-elle demandé.
– Si ! a répondu Zoé. Le zèbre est au zoo l'animal que je préfère.
– Alors, pourquoi lui as-tu dit zut ?
– Parce que c'est le mot que je préfère ! a répondu Zoé.
Zut, zut et rezut, a-t-elle continué avec délice, en sortant du zoo.

Jo Hoestlandt, *Le Moulin à paroles*, © Bayard Éditions Jeunesse, 2006.

Compréhension – Débat

- Quels animaux peux-tu voir au zoo ?
- Pourquoi le zèbre est-il étonné ?
- En général, quand dit-on « zut » ?

d'autres lectures sur www.bordas-ltt.fr

Z z
Z z

le zoo
le zoo

au

Je lis des lettres

z a r s j f z b Z J

j z f j l i p m J Z

Je lis des syllabes

z-a → za   z-u → zu   z-é → zé   z-o → zo

za zi sa su zo se zé si

Je lis des mots

zé-ro → zéro   zo-ne → zone   zé-bu → zébu

le zoo   la pizza   le zèle   le zébu
zut !   bizarre   zappé   Zoé

Je lis des phrases

Zoé est allée au zoo.
Elle a vu un zébu.
Elle a répété zut, zut et rezut !

Tartine a disparu !

Lila est ravie. Elle garde Tartine,
la **tortue** de la classe.
Elle a installé la cage
dans le jardin, à l'abri du **mur**.
Elle lui a apporté de la salade
et Tartine a sorti sa tête.
Mais le mardi, catastrophe !
Tartine a disparu.
Le père et la mère de Lila cherchent la tortue.
Mais pas Romane !
Soudain maman comprend. Elle dit :
– Romane, c'est toi qui as caché Tartine !
Dis-nous où elle est !

Compréhension – Débat

- Qui est Tartine ? Où est-elle installée ?
- Pourquoi est-ce la catastrophe mardi ?
- Qui a caché Tartine ?
- As-tu déjà fait une blague à quelqu'un ? Raconte.

ar ir or ur

la tortue
la tortue

le mur
le mur

Je lis des syllabes

bar bir bor bur dar dir dor dur
far fir for fur mar mir mor mur
sar sir sor sur tar tir tor tur
nar nir nor nur par pir por pur

Je lis des mots

bar-be → barbe

por-te → porte

tar-ti-ne → tartine

dor-mir → dormir

mardi	tordu	finir	venir
la sardine	le murmure	sur	retardé

Je lis des phrases

Romane a vu la tortue.
La tortue est revenue.
Lila lui donne de la salade.
Tartine a sorti sa tête.
Lila est ravie.

Je découvre la phrase

1 Lis l'histoire.

Élio est malade. Il a une otite. Lila lui apporte de la salade et une pâtisserie. Élio est ravi !

Combien y a-t-il de majuscules dans l'histoire ?

Combien y a-t-il de points ? De phrases ?

- Une phrase commence par une **majuscule** et se termine par un **point**.
- Un **texte** est un ensemble composé de **plusieurs phrases**.

Élio est malade**.**

majuscule ← → **point**

Il est ravi **!**

2 Observe.

Elle répété a zut.

Zoé a dévoré pizza et limonade a bu.

Ces groupes de mots sont-ils des phrases ? Pourquoi ?

- Une **phrase** est un groupe de **mots ordonnés** qui a un **sens**.

Exemple : Elle a répété zut.

3 Observe les phrases suivantes :

Lila lui apporte de la salade et une pâtisserie.

Son amie Lila lui apporte une petite salade et une bonne pâtisserie.

Que remarques-tu ?

Ajoute à ton tour d'autres mots à la première phrase.

4 Lis ce texte.

Lila a apporté de la salade à la tortue Tartine. Tartine a sorti la tête. Élio la regarde, Romane aussi. Romane a dissimulé Tartine, puis elle l'a rapportée. Lila est ravie !

Combien de phrases y a-t-il dans ce texte ?

Combien y a-t-il de lignes ?

5 Lis ces phrases.

Zoé est allée au zoo. Elle a vu une otarie, un lama, un boa et un zébu

De combien d'animaux parle la deuxième phrase ?

Choisis une des phrases et enrichis-la en ajoutant des mots.

Quelle phrase nous donne plus de renseignements ? Pourquoi ?

Peter et son ombre

Peter ouvre le tiroir de la commode et prend son ombre. Comment faire pour attacher une ombre lorsqu'on est un petit enfant ? Bien sûr, elle ne colle pas toute seule ; le savon non plus, cela ne marche pas. Alors Peter s'assied sur le sol et se met à pleurer. Ses sanglots réveillent Wendy.

– Pourquoi pleures-tu, petit garçon ?

– Je pleure parce que je n'arrive pas à attacher mon ombre.

– Donne-la-moi, je sais comment faire. Je vais la recoudre avec du **fil** et une aiguille.

Peter fait une grimace. Une aiguille, du fil… ça risque de faire un peu mal, mais, en petit garçon courageux, il ne dira rien.

– Voilà, tout est terminé ! dit Wendy.
Puisque tu n'as rien dit,
je vais te donner un baiser.

D'après James Matthew Barrie, *Peter Pan*.

Compréhension – Débat

- Pourquoi Peter pleure-t-il ?
- Que propose Wendy ? Comment Peter réagit-il ?
- As-tu déjà eu peur que l'on te soigne ? Raconte.

d'autres lectures sur www.bordas-ltt.fr

al il ol ul

le fil
le fil

tout

Je lis des syllabes

bab	bad	bal	bol	pil	pis	pol	par
ab	ad	al	ap	ar	as	il	is
dop	mol	mos	ful	rus	tal	til	tol
ob	ol	op	or	os	ul	us	id

Je lis des mots

to-tal → total
pa-ra-sol → parasol
pal-me → palme
al-pi-nis-te → alpiniste

juste	la dispute	terminé	mal
le sol	obtenir	l'altitude	la piste
un ananas	un animal	le baobab	vif

Je lis des phrases

Peter n'a pas réussi et la colle n'a pas suffi.
Il est sur le sol.
La fée lui parle :
– Donne le fil !
Elle a fini : il n'a pas mal du tout.

Marine l'aventurière

– Sortez votre manuel ! dit le maître.
Marine soupire. Elle s'ennuie !
Elle rêve de partir à la recherche
de la perle verte et elle imagine…
Elle explore la montagne…
Alerte ! Un puma sous un arbuste !
Elle l'observe. Il est superbe !
Elle repart… Un mur l'arrête net.
Mais il y a un tunnel !
– Marine ! Tu rêves ? dit le maître.
– Euh… Non, murmure Marine.
– Répète ce que je viens de dire.
– Euh… Sortez votre manuel !

Compréhension – Débat
- De quoi Marine rêve-t-elle ?
- Que répond-elle quand le maître l'interroge ?
- As-tu déjà pensé à autre chose pendant la classe ?

er el
es et
em en

la perle
la perle

le tunnel
le tunnel

sous

Je lis des syllabes

ber	der	fer	mer	per	ser	ter	ver
res	fes	des	res	tes	ves	zes	bes
bel	mel	nel	rel	sel	pel	nel	tel

Je lis des mots

per - du → perdu

ter - mi - nus → terminus

ser - vi → servi

es - pé - ré → espéré

le merle	le tunnel	la ferme	avertir
le duel	l'alerte	Inès	Samuel
superbe	servir	le bermuda	une averse

Je lis des phrases

Marine rêve de la perle verte.
Son ami Élio est resté dans le tunnel.
Un puma sous un arbuste !
Elle l'observe. Il est superbe !
Un mur : elle s'arrête net !

23 Syllabes complexes (4)

La naissance de Blanche-Neige

C'était l'hiver.
Une reine cousait, assise sur son **trône**,
près d'une **fenêtre** dont le cadre était en bois d'ébène,
tandis que la neige tombait à très gros flocons.
En cousant, la reine se piqua le doigt et quelques gouttes de sang tombèrent sur la neige. Le contraste entre le rouge du sang, la couleur de la fenêtre et la blancheur de la neige était si beau qu'elle se dit :
– Je voudrais avoir une petite fille qui ait la peau blanche comme la neige, les lèvres rouges comme ce sang, les yeux et les cheveux noirs comme les montants de cette fenêtre.
Peu de temps après, elle eut une petite fille à la peau blanche comme la neige, aux lèvres rouges comme le sang, aux yeux et aux cheveux noirs comme l'ébène.
On l'appela Blanche-Neige.

D'après les Frères Grimm,
Blanche-Neige.

Compréhension – Débat

- Quelles sont les trois couleurs dont parle le texte ?
- À ton avis, de quelle couleur est le bois d'ébène ?
- De quelle couleur sont les cheveux de Blanche-Neige ?
- Connais-tu l'histoire de Blanche-Neige ? Pourrais-tu la raconter ?

d'autres lectures sur www.bordas-ltt.fr

br dr fr pr tr vr

le **tr**ône
le trône

la fenê**tr**e
la fenêtre

très près

Je lis des syllabes

bra	dra	fra	pra	tra	bre	pre	vre
fré	pré	bri	dri	fri	pri	tri	bro
dro	fro	pro	tro	bru	dru	fru	pru

Je lis des mots

fri-te → frite

pru-ne → prune

fe-nê-tre → fenêtre

ar-bre → arbre

le pré	la brûlure	un ordre	le titre
un livre	la lèvre	la vitrine	le trimestre
le zèbre	la prune	le pétrole	la propreté

Je lis des phrases

Le trône est près de la fenêtre.
La fenêtre est très petite.
Sa Majesté brode une jupe.
Elle admire le bébé et murmure :
« Dans l'avenir, elle sera très jolie ! »

La flûte de Flora

Lila n'a pas le moral.
Sa voisine Flora s'en va.
Elle va vivre près de la mer.
La table, les lits, l'établi… Tout est déjà parti !
– Lila, je reste ton amie ! affirme Flora.
– Oui ! Et je viendrai te voir, assure Lila.
On jouera sur le **sable**.
Ce sera formidable.
– En attendant, je te donne ma **flûte**, offre Flora.
Tu en joueras et tu penseras à moi.
Une petite flamme s'allume dans les yeux de Lila.
– Tu es adorable, Flora.

Compréhension – Débat

- Pourquoi Lila n'a-t-elle pas le moral ?
- Que signifie : « Une petite flamme s'allume » ?
- T'est-il déjà arrivé qu'un(e) ami(e) déménage ? Raconte.

d'autres lectures sur www.bordas-ltt.fr

fl bl pl

la flûte
la flûte

le sable
le sable

ton es

Je lis des syllabes

bla	blé	blo	fla	flé	flo
pla	plé	pli	plu	plo	fli

Je lis des mots

plu-me → plume

ta-ble → table

pla-ta-ne → platane

trè-fle → trèfle

le blé	le pli	la flamme	le buffle
l'établi	la fable	possible	valable
pénible	la flûte	la planète	formidable

Je lis des phrases

Lila n'a pas le moral : Flora va partir près de la mer.
Flora la rassure : « Je reste ton amie ! »
et lui donne sa flûte.
Lila murmure : « Flora, tu es adorable ! »

25 [k]

Ma caverne

Maintenant, je vais vous montrer comment trouver
l'adresse de la maison de ma Maman.
On va tout droit jusqu'aux deux arbres (voilà des arbres),
puis on arrive à un marais plein de **castors**. Je n'ai pas mis
tous les castors car je ne sais pas dessiner les castors,
mais j'ai dessiné leurs têtes car on ne voit qu'elles
en passant par le marais.
Attention de ne pas tomber dedans !
Notre Caverne est juste derrière le marais-aux-castors.
En vrai, elle n'est pas aussi haute que la colline,
mais je ne sais pas la dessiner toute petite.
Voici ma Maman devant la Caverne. Elle est belle.
J'ai la plus belle Maman qui ait jamais existé,
mais elle ne sera pas fâchée que je l'ai faite si vilaine.
Elle sera fière de voir que je sais dessiner.
Je l'ai faite avec les bras levés
car je suis sûre
qu'elle sera contente
de vous voir.
C'est pas un beau dessin ?
Vous avez tout compris
ou bien je dois encore
vous expliquer ?

D'après Rudyard Kipling,
Les Histoires comme ça pour les enfants,
« Comment naquit la première lettre ».

Compréhension – Débat
- Quel animal peut-on voir dans le marais ?
- Où se trouve la caverne ?
- Saurais-tu dessiner un castor ? Essaie.

d'autres lectures sur
www.bordas-ltt.fr

C c

C c

le castor

le castor

suis en

Je lis des lettres

c o a c u c n c C N

c i a c r c o s N C

Je lis des syllabes

ca	co	cu	car	cor	cal	col	cla
clé	cli	clo	clu	cra	cré	cru	tac

Je lis des mots

ca-mé-ra → caméra

ca-fé → café

co-pi-ne → copine

cor-de → corde

le castor	la caverne	la colline	calme
la colère	le cacao	la cabane	la colle

Je lis des phrases

La caverne est située près de l'arbre, à côté du lac.
Sa mère est devant la caverne.
Elle a vu la tête du castor.
« J'en suis sûre. Elle n'est pas en colère. »

Le rêve de Lila

Lila a perdu sa **gomme** verte.
Elle regarde dans son cartable : une règle, mais pas de gomme.
Elle s'énerve :
– La pie a volé ma gomme…
La pie éclate de rire :
– La gomme verte est à moi !
– Non, déclare Lila. La gomme verte n'est pas à toi. Elle est à moi.
Marine me l'a donnée.
– Lila ! Lila ! murmure la mère de Lila.
– La pie a gardé ma gomme ! observe Lila.
Mais Lila a dormi et rêvé ! Sa gomme a glissé sous la table !

Compréhension – Débat

- Qui a volé la gomme de Lila ?
- Explique le titre de l'épisode.
- As-tu déjà fait un mauvais rêve ? Raconte.

G g
G g

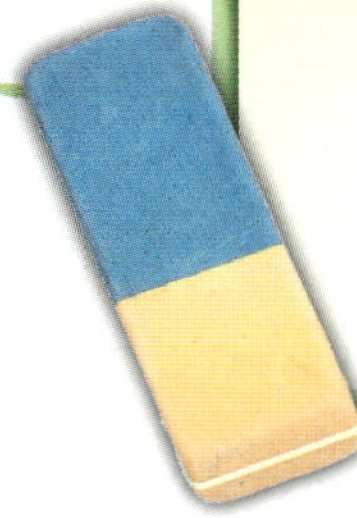

la **g**omme

la **g**omme

moi toi

Je lis des lettres

g p j f g d o z C G

g f j p b g t g C G

Je lis des syllabes

ga go gu gar gas gol gor gul

gla gli glo gra gre gri gro gru

Je lis des mots

ga-la → gala

a-gra-fe → agrafe

gar-de → garde

Mor-ga-ne → Morgane

la règle un légume le gaz regarde

une gare le tigre une grue grasse

Je lis des phrases

Lila rêve : sa gomme a disparu.

La pie a attrapé la gomme verte de Lila.

– Elle est à moi !

– Elle n'est pas à toi !

La gomme a glissé sous la table !

Je découvre le nom, l'article, le verbe

1 Lis ces noms et retrouve-les dans l'image à gauche.

le bébé	le zèbre	une balle	l'otarie
un crocodile	la moto	une vipère	l'arbre

- **Les noms** désignent les êtres vivants et les choses.

  Exemple : une **balle**.

Tu peux mettre **un** ou **une** devant un **nom**.

2 Observe.

un crocodile

article — **nom**

la tortue

le, **la**, **l'**, **un**, **une** sont des **articles**.

- **L'article** est un petit mot qui accompagne le nom.

  Exemple : crocodile → **un** crocodile.

Quels articles peux-tu mettre devant les noms suivants :
carotte, pomme, arbre, bébé, lama ?

3 Lis les phrases et retrouve leur illustration dans l'image à gauche.

La tortue **avale** une salade. Le bébé **regarde** le lama.

Le crocodile **attrape** un crabe.

- **Le verbe** indique ce que font les personnages.

  Exemple : Le bébé **regarde** le lama.

4 Trouve des verbes pour indiquer ce que font Omar, Élio, Romane et Lila dans l'image à gauche.

Lire des noms de villes, des noms

Lila est partie
à la mer en moto.

- En route,
elle arrive à lire
le nom des villes.

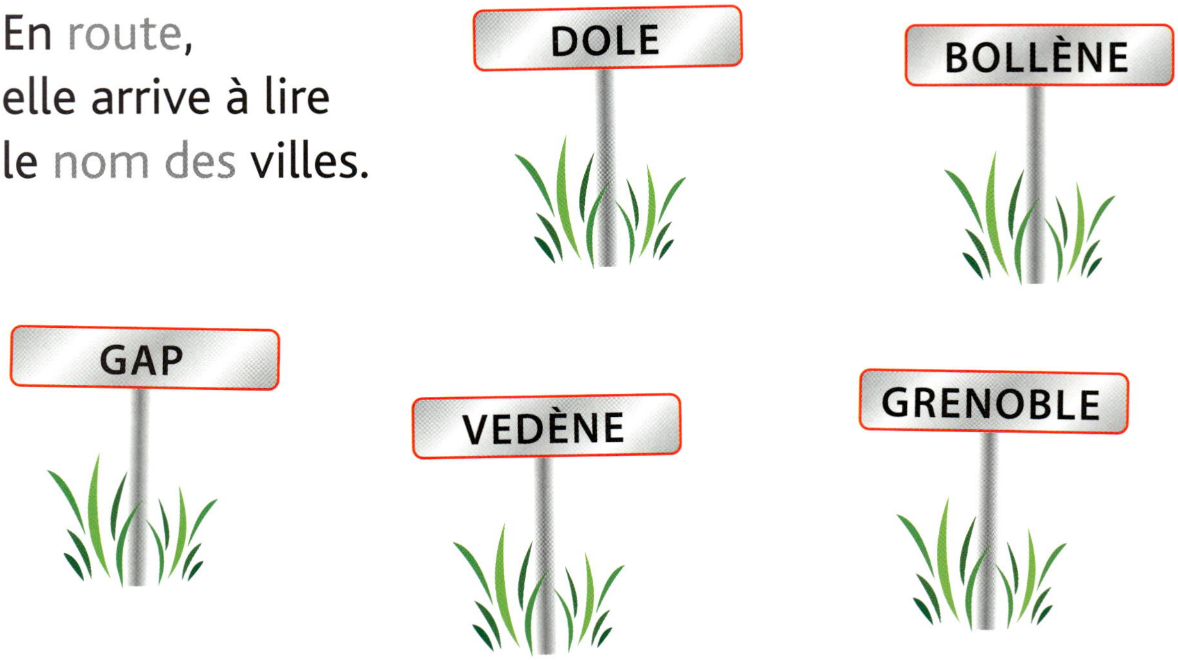

- Elle s'arrête dans une
jolie petite ville du Sud.

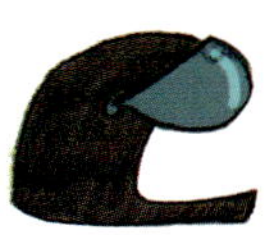

Aix-en-Provence

de rues

Elle repère des noms de rues.

Lila est ravie :
elle a réussi à lire
le nom des rues !

Je fais le point 2

1 Je connais les lettres.

d m v è ê b f j z c g d

a m v è ê b f j z c g p

A I O U P E L T É R S N

D M V E E B F J Z C G N

2 Je sais faire la différence.

u v n m p d b f l j g z

3 Je connais les syllabes.

tê bu fa za par per tri blé gar bar

4 Je sais lire les mots.

bar-be → barbe pal-me → palme per-le → perle

pru-ne → prune ta-ble → table rè-gle → règle

le lavabo la jupe zéro la tortue

une carte la frite plate une griffe

5 Je sais lire les mots outils et je les utilise dans une phrase.

elle un sur mon dans

au es tout sous près

mais ton suis en moi

6 Je sais lire les phrases.

Gustave a cassé la carafe.
Lila a perdu la gomme.
Inès est restée à la ferme.
Clara s'est promenée près de l'étable.

Je comprends et je réponds.

Questions à lire par l'enseignant

- Où est restée Inès ?
- Qu'a perdu Lila ?
- Qui a cassé la carafe ?
- Où s'est promenée Clara ?

7 Je sais faire une phrase avec ces mots et je la recopie.

Clara | Zoé | Julie | Fatima | Bilal

a | est

capturé | regardé | resté(e) | parti(e)

à | au | le | la | un | une

castor. | tigre. | zèbre. | garderie. | domino. | ferme. | zoo.

8 Je sais trouver les verbes.

Flora donne sa flûte à Lila.
Lila ferme la fenêtre.
Son ami Élio porte un bermuda.

27 Lettres finales muettes

Blanche-Neige arrive chez les sept nains

La pauvre Blanche-Neige, demeurée seule dans la **forêt**, se mit à courir, trébuchant sur les cailloux. Vers le soir, alors que ses petits pieds ne pouvaient plus la porter, elle arriva auprès d'une jolie maisonnette et entra se reposer.

Elle y trouva une petite table dressée, avec sept petites assiettes et sept petits couverts. Contre le mur, il y avait sept petits **lits**, aux draps bien tirés, blancs comme neige.

Blanche-Neige, qui avait très faim et très soif, mangea un peu de la nourriture préparée dans chaque assiette et but un peu de vin dans chaque verre.

Puis, comme elle était très fatiguée, elle se coucha et s'endormit.

Le soir, les habitants de la maisonnette arrivèrent.

C'étaient sept nains qui cherchaient dans la montagne de l'or et des diamants.

Le premier nain vit une petite fille qui dormait couchée dans son **lit**. Il appela ses compagnons qui se précipitèrent, élevant leurs lanternes pour mieux la voir.

– Oh la jolie petite fille ! s'écrièrent-ils.

D'après les Frères Grimm, *Blanche-Neige*.

Compréhension – Débat

- Pourquoi les assiettes, les couverts et les lits sont-ils petits ?
- En quoi consiste le travail des sept nains ?
- Quelle est la réaction des nains quand ils voient Blanche-Neige ?
- T'est-il arrivé de trouver quelqu'un chez toi que tu n'attendais pas ?

d'autres lectures sur www.bordas-ltt.fr

Lettres finales muettes

la forêt
la forêt

le lit le lit

les ses des

Je lis des mots

le lézard	le robot	le tapis
le riz	le broc	le sirop
appris	vert	gris
le léopard	promis	l'escargot

Je lis des mots

un petit pot → des petits pots
un gros lézard → des gros lézards
un drap vert → des draps verts
une jolie jupe → des jolies jupes
il arrive → ils arrivent

Je lis un texte

Elle est dans la forêt, près d'une cabane.
Dans la cabane, elle a vu des petits lits.
Elle est affamée, et dévore les plats.
Elle s'étale sur les lits et dort.
Ses amis arrivent et s'écrient :
« Elle est jolie ! »

28 [o]

Histoire de Lila

Un crapaud à l'école

Omar a apporté un **crapaud** à l'école.
Sous le préau, les élèves l'observent.
– Il est trop beau ! admire Marine.
– Il est comme… comme un gros **gâteau** vert ! dit Lila.
– Un gâteau ! rit Élio. Tu rêves !
Mais le crapaud saute au sol !
Omar déclare :
– Mon frère me l'a prêté.
Si je ne le lui rapporte pas, je suis perdu !
– Regarde ! dit Lila. Il est devant le poteau !
Mais le crapaud saute, saute, saute !
– Il est à côté du mur ! dit Élio.
– Sous mon cartable ! dit Marine.
Elle file près du cartable et attrape le crapaud.
– Je suis sauvé ! applaudit Omar.

Compréhension – Débat

- Quel animal Omar a-t-il apporté à l'école ?
- Pourquoi Omar avait-il peur de le perdre ?
- As-tu déjà perdu ou abîmé quelque chose qu'on t'a prêté ? Raconte.

d'autres lectures sur www.bordas-ltt.fr

o au
eau

le crapaud
le crapaud

le gâteau
le gâteau

trop

Je lis des syllabes

p-o	→	po	p-au	→	pau	p-eau	→ peau
s-o	→	so	s-au	→	sau	s-eau	→ seau

ro	nau	reau	lo	lau	leau
amu	mau	ne	neau	ta	teau

Je lis des mots

po-teau → poteau

tau-reau → taureau

cor-beau → corbeau

pré-au → préau

un crapaud	un cosmonaute	un gâteau	grosse
une épaule	une automobile	saute	beau

Je lis un texte

Omar a apporté à l'école le crapaud de son frère.
Les élèves admirent le crapaud : il est trop beau ;
mais, rapide, le crapaud saute au sol.
Marine l'a vu sous son cartable.
Elle l'attrape. Bravo, Marine !
Omar est sauvé !

Mystère et la sorcière

Après une bonne heure de marche, Mystère se trouva **nez** à nez avec une vieille femme aux yeux méchants qui ramassait du bois.

La vieille femme s'écria :

– Abricadébroc, faisons le troc, moi la reine, toi l'esclave.

Et toc ! C'était une sorcière.

– Ramasse le bois, ordonna-t-elle. Mystère dut obéir car elle venait d'être ensorcelée.

Une fois dans la maison, Mystère dut ranger les vêtements qui traînaient, **laver** des piles d'assiettes et chasser des dizaines d'araignées. La sorcière était toujours dans son dos, la frappant avec une baguette pour qu'elle se presse.

– Pourquoi êtes-vous si méchante ? lui demanda Mystère.

– Abricadébrac, j'ai trop le trac. Abricadébruc, laisse ce truc.

– Pff, vous ne savez dire que des formules magiques, se moqua Mystère, moi, je peux dire… des confidences.

– Des quoi ? s'écria la sorcière.

– Des confidences, madame la sotte.

Ce sont des secrets et on les dit à sa meilleure copine.

Les sorcières adorent les secrets.

– Dis-moi une confidence, supplia la vieille.

– Je vous en dirai, promit la petite fille, mais quand nous serons copines.

C'est ainsi que Mystère devint la copine de la sorcière.

D'après Marie-Aude Murail, *Mystère*, © Éditions Gallimard.

Compréhension – Débat

- Mystère est une petite fille. Qui a-t-elle rencontré ?
- Que l'a-t-elle obligée à faire ?
- Crois-tu aux sorcières ? Explique.

d'autres lectures sur
www.bordas-ltt.fr

é er ez

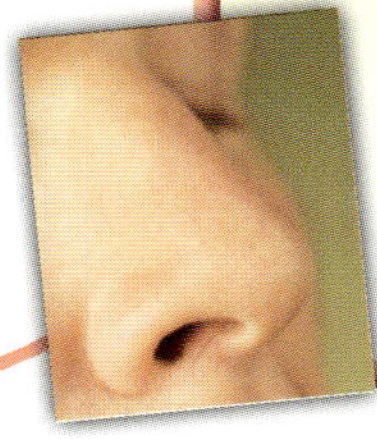

le nez
le nez

laver
laver

sont

Je lis des mots

la - vez → lavez   gar - dez → gardez

Devinez !	Notez !	Articulez !	Répétez !
Sortez !	Calculez !	Parlez !	Assez !

Je lis des mots

râ - ler → râler   sau - ter → sauter

ordonner	aller	laver	adorer
admirer	glisser	gratter	griffer
bavarder	garder	jurer	rêver
papoter	porter	décorer	donner

Je lis un texte

– Ramasse le bois ! Lavez tout !
– Vous ne savez pas dire les formules !
– Dis-moi un secret !
– D'accord ! Et nous serons copines !
Elle est étonnée.
Elles sont devenues copines.

La dispute

– Je suis la **reine** ! déclare Lila. Toi, Élio,
tu es mon **corsaire**. Je te donne un **bonnet**.
– Non ! dit Marine. Moi, je suis la reine.
Élio, je te donne un pistolet.
Tu es mon capitaine.
Lila n'est pas satisfaite. Elle dit :
– Marine, file au palais et apporte-moi
un gobelet !
Marine rigole.
– Moi ? Tu rêves, Lila !
Élio regarde Lila et Marine se disputer.
– On ne me donne pas d'ordres ! dit Marine.
– Ni à moi, riposte Lila… Élio !
Élio a disparu.
Marine regarde par la fenêtre et dit :
– Il est parti avec Omar !

Compréhension – Débat

- Pourquoi Lila et Marine se disputent-elles ?
- Pourquoi Élio est-il parti à la fin ?
- T'es-tu déjà disputé(e) avec des ami(e)s ? Raconte.

d'autres lectures sur
www.bordas-ltt.fr

è ê
ai ei
et

le corsaire
le corsaire

le bonnet
le bonnet

on

la reine
la reine

Je lis des syllabes

p-è → pè   p-ê → pê   p-ai → pai

p-ei → pei   p-et → pet

cai   dai   fai   gai   lai   mai   grai

lei   rei   vei   let   met   ret   frei

Je lis des mots

bé-ret → béret   lai-ne → laine   vei-ne → veine

cor-net → cornet   grai-ne → graine   frei-ner → freiner

le capitaine   le vaisseau   un adversaire   le balai

maltraiter   le corsaire   dégainer   aimer

Je lis un texte

Lila donne des ordres comme une reine,
mais on ne lui obéit pas.
Élio n'aime pas les disputes et il s'en va.
Il préfère jouer avec Omar.

31 [ə] [œ] [ø]

La chèvre de M. Seguin (1)

La chèvre se trouvait très heureuse et broutait l'herbe de si bon cœur que M. Seguin était ravi.

– Enfin, pensait le pauvre homme, en voilà une qui ne s'ennuiera pas chez moi !

M. Seguin se trompait, sa chèvre s'ennuya.

Un jour, elle se dit en regardant la montagne :

– Comme on doit être bien là-haut ! Quel plaisir de gambader parmi les **bleuets**, sans cette maudite corde qui vous écorche le cou !... C'est bon pour le **bœuf** de brouter dans un clos !... Les chèvres, il leur faut du large. À partir de ce moment, l'herbe du clos lui parut fade et elle tirait tout le jour sur sa corde, la tête tournée du côté de la montagne, la narine ouverte, en faisant Mê !... tristement.

M. Seguin s'apercevait bien que sa chèvre avait quelque chose, mais il ne savait pas ce que c'était...

Un matin, comme il achevait de la traire, la chèvre se retourna et lui dit :

– Écoutez, monsieur Seguin, je me languis chez vous, laissez-moi aller dans la montagne.

D'après Alphonse Daudet,
Lettres de mon moulin,
« La Chèvre de M. Seguin ».

Compréhension – Débat

- Au début, la chèvre de M. Seguin est-elle heureuse ?
- Pourquoi s'ennuie-t-elle ?
- Pourquoi dit-elle que sa corde est maudite ?
- As-tu parfois eu envie de partir ailleurs ? Raconte.

d'autres lectures sur
www.bordas-ltt.fr

e eu œu

le bleuet
le bleuet

le bœuf
le bœuf

Je lis des syllabes

p-e → pe   b-eu → beu   b-œu → bœu
s-e → se   s-eu → seu   s-œu → sœu

ne	neu	nœu	jeu	teu	cœu
sau	san	peu	bleu	teur	leur

Je lis des mots

vo-leur → voleur   fac-teur → facteur

l'ordinateur	un œuf	le cœur	le bœuf
le nœud	jeudi	le feu	des bœufs

Je lis un texte

Elle veut aller sur la colline, trotter parmi les bleuets.
Elle tire sur la corde.
Elle n'a pas le cœur à rester dans son clos.
Tout lui paraît fade.
Elle lui dit : « Laissez-moi partir ! »

32 [u]

La toupie et le parasol

– J'ai fini ! déclare Marine.
Elle admire sa boussole.
– Marine, dit le maître, ta boussole est très réussie.
Omar, lui, termine un jouet : un mini-tabouret.
Lila a fait un bijou de poupée.
Et Élio ? Il boude…
Sa toupie est ratée !
Il tourne le dos à la classe.
Marine pousse Lila du coude.
– Regarde, Élio n'arrive pas à finir sa toupie !
– Je vais l'aider, dit Lila.
Elle couvre la toupie d'une couleur dorée,
ajoute un **clou** et un bout de tissu,
met le tout sur une soucoupe de sable.
– Élio, dit le maître, ton parasol est très joli !
Élio sourit et Marine souffle à Lila :
– Bravo !

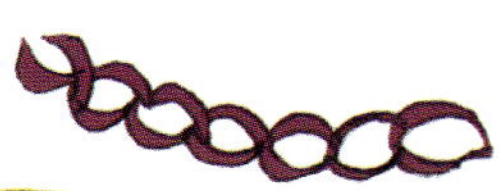

Compréhension – Débat

- Que font les enfants en classe ?
- Pourquoi Élio boude-t-il ?
- Que fait Lila pour l'aider ?
- As-tu déjà fabriqué un objet ? Raconte.

ou

le clou

le clou

Je lis des syllabes

b-ou → bou   c-ou → cou   f-ou → fou

g-ou → gou   v-ou → vou   s-ou → sou

jou	jo	ju	co	cou	cu	prou
tru	tro	trou	bo	bu	bou	pou

Je lis des mots

bi-jou → bijou   bou-cle → boucle

sou-cou-pe → soucoupe   four-neau → fourneau

la loupe	la boue	la mousse	troué
le couteau	surtout	le coude	tout
le goûter	la cour	bouder	courir

Je lis un texte

Marine a préparé une boussole et le maître lui dit :

– Elle est très réussie.

Omar, lui, termine un mini-tabouret.

Lila, elle, a fait un bijou de poupée.

Mais Élio boude : sa toupie est ratée.

Je découvre le singulier et le pluriel

1 Observe et lis.

Un merle siffle sur un arbre.

Des merles sifflent sur un arbre.

Le corsaire porte un bonnet.

Les corsaires portent un bonnet.

L'escargot dépasse la fourmi.

Les escargots dépassent la fourmi.

- Quand un être vivant ou une chose est seul(e), on dit qu'il est au **singulier**.
- Quand il y a plusieurs êtres vivants ou plusieurs choses, on dit qu'ils sont au **pluriel**.

Les articles au singulier sont **le**, **la**, **l'**, **un**, **une**.

2 Trouve les noms et les verbes des phrases de l'exercice 1.

Que remarques-tu entre les phrases de la première et de la deuxième colonne ?

Les articles au pluriel sont **les**, **des**.

3 Lis les phrases.

Élio prépare la gaufre.

Omar dévore les gaufres.

Lila apporte des crêpes.

Omar avale une crêpe.

Trouve les noms au singulier. Comment as-tu fait pour les trouver ?

Maintenant, trouve les noms au pluriel.

4 Lis ce texte.

Romane récolte des pommes.

Ensuite, elle lave les pommes avec de l'eau.

Ses amis Omar et Élio dégustent

des pommes au caramel et

se régalent de sirop de grenadine.

Trouve les verbes au singulier.

Comment as-tu fait pour les trouver ?

Maintenant, trouve les verbes au pluriel.

- Au pluriel, on ajoute un **s** au nom et **nt** au verbe.
  On ne les prononce pas.

  Exemple : Les escargot**s** dépasse**nt** la fourmi.

Lire des enseignes

Omar se promène en ville.
Il lit les enseignes des magasins…

- … où l'on trouve de la nourriture,

- … où l'on trouve de jolies tenues,

- … d'où émanent
de bonnes odeurs,

... où l'on peut déguster un café ou une limonade,

... où l'on trouve des livres et son journal,

... et où l'on répare.

Omar adore lire et se promener.

33 [wa]

La chèvre de M. Seguin (2)

Tout à coup le vent fraîchit. La montagne devint violette ; c'était le soir. En bas, le clos de M. Seguin disparaissait dans le brouillard, et on ne voyait plus que le **toit** de la maison avec un peu de fumée.
Elle écouta les clochettes d'un troupeau qu'on ramenait, et fut toute triste...
Un oiseau de proie, qui rentrait, passa très près.
Elle eut peur... puis ce fut un hurlement dans la montagne : elle pensa au loup ; de toute la journée la folle n'y avait pas pensé...
Une trompe sonna dans la vallée. C'était ce bon M. Seguin.
– Hou ! Hou !... faisait le loup.
– Reviens ! Reviens !... criait la trompe.
Blanquette eut envie de revenir ;
mais en se rappelant le pieu et la corde,
elle pensa que maintenant
elle ne pouvait plus se faire
à cette vie, et qu'il valait mieux rester.
La chèvre entendit derrière elle
un bruit de feuilles.
Elle se retourna et vit dans l'ombre
deux oreilles courtes, toutes droites,
avec deux yeux qui luisaient...
C'était le loup.

D'après Alphonse Daudet,
Lettres de mon moulin,
« La Chèvre de M. Seguin ».

Compréhension – Débat

- Pourquoi M. Seguin a-t-il sonné la trompe ?
- Pourquoi la chèvre n'a-t-elle pas envie de revenir ?
- T'est-il déjà arrivé de ne pas suivre le conseil d'un adulte ? Raconte.

d'autres lectures sur
www.bordas-ltt.fr

oi

le toit

le toit

Je lis des syllabes

b-oi → boi   c-oi → coi   r-oi → roi

p-oi → poi   v-oi → voi   m-oi → moi

soi	toi	froi	troi	fo	voir	foi
pi	poi	po	toi	proi	gloi	loir

Je lis des mots

poi-re → poire   noi-re → noire

toi-le → toile   mi-roir → miroir

la mémoire	le couloir	parfois	le bois
un tiroir	la voiture	l'armoire	voir
boire	la joie	le soir	le toit

Je lis un texte

Elle voit le toit de la ferme.

Elle se dit :

– Je n'aime pas la corde.

Je préfère rester dans le bois !

La pauvre : elle se retourne et voit le loup !

À la ferme

Les élèves et leur maître sont à la ferme.
Ils observent les moutons, puis l'ânon.
– Il est trop joli ! dit Lila.
Omar, lui, préfère les potirons et Élio admire les melons.
– Ils poussent à l'abri du froid, raconte le maître.
Et il parle des autres légumes.

Puis il regarde sa **montre** et déclare :
– On retourne à l'école !
Mais Lila veut voir les poules.
Marine la suit.
– Un œuf ! dit Lila.
– Je vais l'attraper, affirme Marine.
Elle saute par-dessus la clôture et bondit sur l'œuf.
Mais elle glisse et l'œuf roule sur le sol.
Marine fond en larmes : l'œuf est cassé !

Compréhension – Débat
- Où sont les élèves aujourd'hui ?
- Pourquoi Marine saute-t-elle par-dessus la clôture ?
- Pourquoi pleure-t-elle ?
- As-tu déjà été à la campagne ? Raconte.

d'autres lectures sur
www.bordas-ltt.fr

on

la montre

la montre

puis

Je lis des syllabes

b-on → bon   l-on → lon   m on → mon

n-on → non   s-on → son   t-on → ton

on	no	ou	pon	jon	fon	don
vron	tron	blon	fron	gron	zou	trou

Je lis des mots

bon-bon → bonbon   bou-ton → bouton

on-gle → ongle   bron-zé → bronzé

un carton	le saumon	consoler	bonjour
gronder	un croûton	le veston	la réponse
la montre	Dijon	la fontaine	monter

Je lis un texte

Les enfants observent les moutons et l'ânon.
Omar aime les potirons, mais Élio, lui,
admire les melons tout ronds.
Lila et Marine veulent voir les poules.
Marine bondit sur un œuf : il se casse,
puis elle fond en larmes.

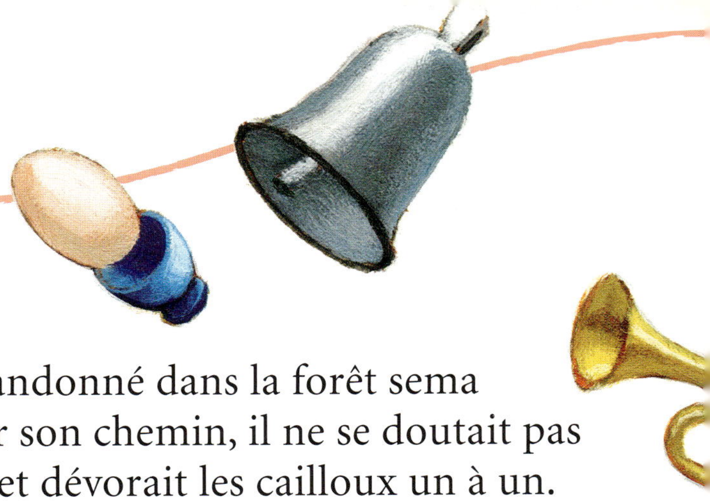

35 [ɑ̃]

L'autruche

Lorsque le petit Poucet abandonné dans la forêt sema
des cailloux pour retrouver son chemin, il ne se doutait pas
qu'une autruche le suivait et dévorait les cailloux un à un.
C'est la vraie histoire, celle-là, c'est comme ça que c'est arrivé...
Le fils Poucet se retourne : plus de cailloux !
Il est définitivement perdu : plus de cailloux, plus de retour ;
plus de retour, plus de maison ; plus de maison,
plus de papa-maman.
« C'est désolant », se dit-il entre ses **dents**.
Soudain il entend rire et puis le bruit
des cloches et le bruit d'un torrent,
des trompettes, un véritable orchestre,
un orage de bruits, une musique brutale,
étrange mais pas du tout désagréable
et tout à fait nouvelle pour lui.
Il passe alors la tête à travers le feuillage
et voit l'autruche qui **danse**, qui le regarde,
s'arrête de danser et lui dit :

L'AUTRUCHE

C'est moi qui fais ce bruit, je suis heureuse,
j'ai un estomac magnifique, je peux manger n'importe quoi.
Ce matin, j'ai mangé deux cloches avec leur battant,
j'ai mangé deux trompettes, trois douzaines de coquetiers,
j'ai mangé une salade avec son saladier, et les cailloux blancs
que tu semais, eux aussi, je les ai mangés. Monte sur mon dos,
je vais très vite, nous allons voyager ensemble. [...]

Jacques Prévert, extrait de *Contes pour enfants pas sages*, in *Histoires* © Éditions Gallimard.

Compréhension – Débat
- Connais-tu l'histoire du petit Poucet ? Raconte.
- À quoi servaient les cailloux blancs dans l'histoire originale ?
- Invente une suite à ce conte.

d'autres lectures sur
www.bordas-ltt.fr

en an

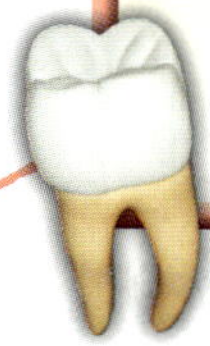

la dent

la dent

la danse

la danse

Je lis des syllabes

d-en → den   d-an → dan   r-an → ran

r-en → ren   bl-an → blan   br-an → bran

cran	pren	an	na	ne	en	lan
len	ven	ment	nant	dant	sant	gant

Je lis des mots

ven-tre → ventre   trai-te-ment → traitement

pan-da → panda   pan-se-ment → pansement

danser	maman	content	demander
entendre	abandonner	pourtant	lentement

Je lis un texte

L'enfant a été abandonné dans la forêt
et il ne sait pas comment en sortir : il est perdu.
Mais il entend un rire.
Il regarde et voit un animal danser.
Il monte sur son dos. Il est sauvé !

36 Syllabes complexes (6)

Histoire de Lila

Au parc

– Non, Lila, dit maman.
Tu ne vas pas au parc toute seule.
– Mais Élio sera là !
– J'ai dit non, répète maman.
Lila n'est pas contente.
Sa maman ne la regarde pas et le parc est à côté.
« Juste une minute », se dit Lila. Et elle file.
Dans le parc, Élio joue avec son **tracteur**. Il dit :
– Je tourne la clé de contact. Monte, Lila !
Tu n'as pas le trac ?
– Non, assure Lila.
– Va ouvrir la clôture, ordonne Élio.
Lila voit une forme sous un arbre. Elle crie :
– Un ours !
– N'aie pas peur, dit Élio. Je suis là !
Mais la forme sous l'arbre est la maman de Lila !
Elle est très en colère.
Elle ordonne :
– Tu rentres, Lila !
Vite !

Compréhension – Débat
- Qu'est-ce que Lila veut faire ?
- Qui est dans le parc quand Lila arrive ?
- Pourquoi maman est-elle très en colère ?
- As-tu déjà désobéi ? Raconte.

d'autres lectures sur www.bordas-ltt.fr

Syllabes complexes

le **trac**teur

le tracteur

Je lis des syllabes

trac	troc	truc	clic	frac
mars	tris	vrir	cross	cris

Je lis des mots

cris-tal → cristal

cou-vrir → couvrir

frac-tu-re → fracture

mai-grir → maigrir

triste	absente	ouvrir	une éclipse
le jongleur	le contact	offrir	des fleurs
écrire	cultiver	le trac	la clôture

Je lis un texte

Maman interdit à Lila de sortir,
mais elle n'écoute pas sa mère et va au parc
où Élio joue avec son tracteur.
Il tourne la clé de contact car il n'a pas le trac.
Puis Lila va ouvrir la clôture.
Sous l'arbre, elle croit voir un ours.

37 [ɛ̃] [œ̃]

Le terrain de croquet de la Reine

Un grand rosier se dressait près de l'entrée du jardin ; il était couvert de roses blanches, mais trois jardiniers s'affairaient à les **peindre** en rouge. Ceci sembla curieux à Alice, qui s'approcha :

– Voudriez-vous me dire, demanda Alice, pourquoi vous peignez ces roses ?

– Pour dire la vérité vraie, répondit Deux, ce rosier-là aurait dû être rouge, et nous en avons planté un blanc par erreur ; et si la Reine s'en apercevait, on aurait tous la tête coupée…

Soudain, Cinq se mit à crier : « La Reine ! La Reine ! » et les trois jardiniers se jetèrent à plat ventre.

Alice se retourna.

Venaient d'abord dix soldats plats et rectangulaires avec des **mains** aux quatre côtés. Venaient ensuite dix courtisans, les enfants royaux, enfin les invités. Parmi eux, Alice reconnut le **Lapin** Blanc et le Valet de Cœur, qui portait la couronne royale sur un coussin de velours rouge ; et, à la fin de ce cortège, venaient le Roi et la Reine de Cœur.

D'après Lewis Carroll,
Alice au pays des merveilles.

Compréhension – Débat

- Pourquoi les trois jardiniers peignent-ils les roses en rouge ?
- Quelle est l'attitude des jardiniers devant la Reine ?
- Qui accompagne la reine et le Roi ?
- As-tu déjà reçu des ordres qui n'avaient pas de sens ?
- Comment as-tu réagi ?

d'autres lectures sur
www.bordas-ltt.fr

in ain un ein

le lapin
le lapin

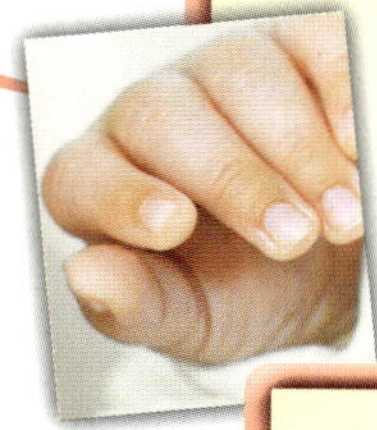

la main
la main

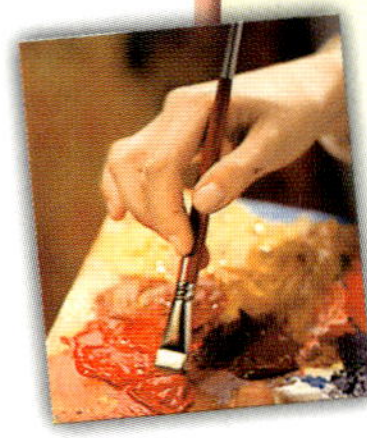

peindre
peindre

Je lis des syllabes

d-in → din   b-ain → bain   br-un → brun   p-ein → pein

in	ni	un	main	tein	pin	brun
nu	ain	ani	ein	fin	lin	eni

Je lis des mots

é-tein-dre → éteindre   au-cun → aucun

de-main → demain   jar-din → jardin

une épingle	un Africain	brun	le poulain
un nain	un coussin	plein	le bain

Je lis des mots

fin → fine   plein → pleine   brun → brune

Je lis un texte

Au jardin, on peint des fleurs.
La Reine est mécontente des couleurs,
et elle veut couper la tête à tout le monde.
Parmi les invités, on reconnaît le Lapin. Un valet
porte la couronne de la Reine sur un coussin.

Je découvre le masculin et le féminin

1 Lis et observe.

Élio et Lila préparent leurs affaires pour aller au lac.

Élio prend…

– **un** sac à dos vert

– **une** petite bouée

– **un** grand bateau gonflable

Lila prend…

– **une** robe verte

– **un** petit tube de crème solaire

– **une** grande sortie de bain

Quels sont les mots qui vont avec un ou une ?
Peux-tu en trouver d'autres ?

- Si le nom est **masculin**, on dit **un**, **le**, **l'**.
  Exemple : **un** docteur, **le** taureau, **l'**arbre.
- Si le nom est **féminin**, on dit **une**, **la**, **l'**.
  Exemple : **une** reine, **la** baleine, **l'**île.

2 Relis le texte en haut de page et trouve les noms masculins et les noms féminins.

3 Regarde dans ton cartable.

Trouve deux objets dont le nom est masculin et deux objets dont le nom est féminin.

Je découvre l'adjectif

1 Observe ces groupes de mots.

une robe → une robe **verte** → une **jolie** robe **verte**

Ajoute un adjectif à chaque nom, comme dans l'exemple :

la moto → la **grosse** moto

la poupée

le crapaud

le bonnet

la balle

la flûte

le sable

- **L'adjectif** précise le nom. *Exemple :* la **grosse** moto

2 Observe ces groupes de mots.

un grand bonnet – une grande cagoule – un grand vélo

Que remarques-tu ?

- Si le nom est **féminin**, on ajoute un **e** à l'adjectif.
  Exemple : grand → grand**e**

Relis le texte de la page de gauche et touve les adjectifs au féminin.

Lire un carnet

Élio garde les cartes postales
et les colle dans un carnet.

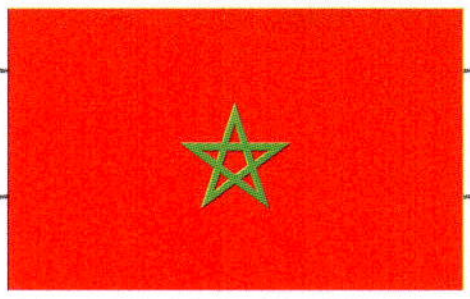

Il a collé une carte postale par État
et son drapeau.

Élio les admire et rêve !

Je fais le point 3

1 Je reconnais les différentes manières d'écrire le même son.

o au eau

è ê ai ei et

é er ez

e eu œu

2 Je connais les syllabes.

ou oi on er an en et

in un ain ein ai ez eau

3 Je sais lire les mots.

poi-re → poire

tris-te → triste

la-ver → laver

cor-net → cornet

bleu-et → bleuet

ven-tre → ventre

rei-ne → reine

sa-pin → sapin

pan-da → panda

cou-teau → couteau

mon-tre → montre

cra-paud → crapaud

le copain le peintre le palais gai le cristal

un cadeau le nez un bœuf le feu un poulet

4 Je sais lire les mots outils et je les utilise dans une phrase.

les sont ses trop on puis des

5 Je sais lire les phrases.

Pauline a préparé un gâteau.
Simon et Clément sont très bavards.
On n'a pas le droit de monter sur le tracteur.
Marie-Lou a offert un bijou à sa sœur.

Je comprends et je réponds. *Questions à lire par l'enseignant*

- Qu'a offert Marie-Lou à sa sœur ?
- Qui est bavard ?
- Sur quoi n'a-t-on pas le droit de monter ?
- Qui a préparé un gâteau ?

6 Je sais faire une phrase avec ces mots et je la recopie.

Mounir | Martin | Romain

a | est | ont | sont | et

ouvert | rencontré | parti(s) | commandé

un | une | le | la | au | en

restaurant. | copain. | voiture. | Italie. | Maroc.

7 Je sais mettre au pluriel.

une petite pomme   le joli panda   la tortue verte

8 Je sais compléter avec un adjectif au féminin ou au masculin.

un âne... (têtu/têtue)   les boucles... (dorés/dorées)
une carotte... (râpé/râpée)   un drapeau... (noir/noire)

Vive la cantine !

– J'adore la cantine ! déclare Lila.
– Pas moi, dit Élio. Et je n'aime pas le concombre.
– Donne-le-moi ! demande Omar.

– Moi, je n'aime pas le camembert, dit Marine.
– Donne ! dit Omar.
– Moi, je garde mon gratin, dit Lila,
mais je te donne mon pamplemousse.

Tous les plats sont devant Omar.

– Tu ne vas pas tout avaler, Omar !
dit la dame de la cantine.
– Si ! assure Omar.
– Ton ventre sera comme un **tambour** ! avertit Élio.
– Tu vas être malade, dit Lila.
Et on te donnera un **comprimé**.
Omar est embêté. Il demande :
– Élio, je te rends ton concombre ? Et toi, Marine,
reprends ton camembert…
Mon repas me suffira,
je crois !

Compréhension – Débat

- Qui dit adorer déjeuner à la cantine ?
- Pourquoi Omar devra-t-il prendre un comprimé ?
- Pourquoi ne faut-il pas trop manger ?

d'autres lectures sur www.bordas-ltt.fr

m devant m, b, p

le tambour
le tambour

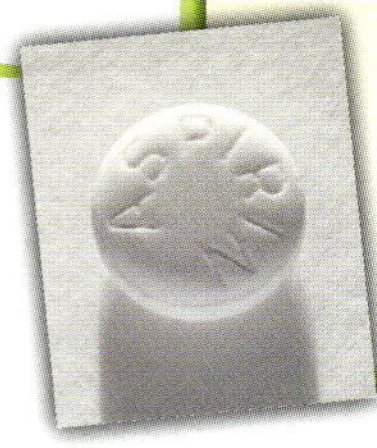

le comprimé
le comprimé

Je lis des syllabes

an am en em in im on om

Je lis des mots

jam-be → jambe tem-pê-te → tempête

sim-ple → simple pom-pe → pompe

une trompe	la compote	emporter
embêter	ensemble	simplement
imprudent	novembre	une ampoule
un comprimé	embrasser	grimper
imprimer	tomber	la température
emmener	emmêler	impair

Je lis un texte

Lila adore la cantine. Marine, elle, n'aime pas
le camembert et elle le donne à Omar.
Élio n'aime pas le concombre. Il le donne aussi
à Omar. Si Omar avale tout , il va avoir
de la température, tombera malade et sa maman
lui donnera un comprimé.

Les aventures de Victor Bigboum

C'est quoi, un homme des bois ?
Papa me répond en rugissant :
– GROAAAR ! Un homme des bois, c'est un homme qui n'a pas oublié l'animal qui est en lui, un homme proche de la Nature, un homme qui n'a pas besoin de confort pour être heureux !
Tu ne veux pas devenir homme des bois avec moi ?
Je m'inquiète :
– Un homme des bois, ça joue aux jeux vidéo ?
– Pour quoi faire ? s'écrie papa. Tu ne vas quand même pas te promener dans la forêt avec ta console ! On va construire une cabane, et tu n'y penseras plus, à tes jeux électroniques !
Maman s'allonge dans le **hamac** :
– Moi, je commencerais bien par une petite sieste…
– Bon, ben, nous, on part explorer la forêt, dit papa.

Bertrand Fichou, *Les Aventures de Victor Bigboum*, « Sur la planète des vacances »,

Compréhension – Débat

- Que propose papa à Victor ?
- De quoi maman a-t-elle envie ?
- Pourquoi Victor est-il inquiet ?
- Et toi, aimerais-tu vivre dans les bois ? Pourquoi ?

d'autres lectures sur www.bordas-ltt.fr

H h

H h

le **h**amac

le hamac

Je lis des lettres

h l d b h j g h F H

h b l h f g j d H P

Je lis des syllabes

ha hé hê hi ho hu

hai hor thé ther rhi rhu

Je lis des mots

hi-bou → hibou

hô-tel → hôtel

rhu-me → rhume

men-the → menthe

her-be → herbe

a-thlè-te → athlète

le haricot — une heure — une histoire

le théâtre — un héron — un thon

haut — un thermos — le hublot

Je lis un texte

Papa veut devenir un homme des bois.
Victor n'est pas rassuré : il ne pourra pas jouer avec son jeu vidéo comme il en a l'habitude.
Maman, elle, préfère dormir dans le hamac.
Papa et Victor partent faire un tour dans la forêt.

La jolie carte

Élio est parti voir son papi et sa mamie.
Lila connaît son alphabet. Elle va lui écrire.
Romane rigole :
– Avec ton orthographe, il ne va pas comprendre, Élio !
Lila ne l'écoute pas. Elle prend une carte postale avec un éléphant.
Elle écrit tout un paragraphe sans faire de faute.
Puis elle colle un dauphin sur la carte et elle ajoute sa photo.
Voilà ! La carte est écrite et décorée.
– Ta carte est très jolie, déclare maman.
Mais Romane renverse son jus de fruits juste sur la carte !
Lila est dégoûtée.
Maman la console :
– Je vais te prêter mon **téléphone**.
Tu pourras appeler Élio.

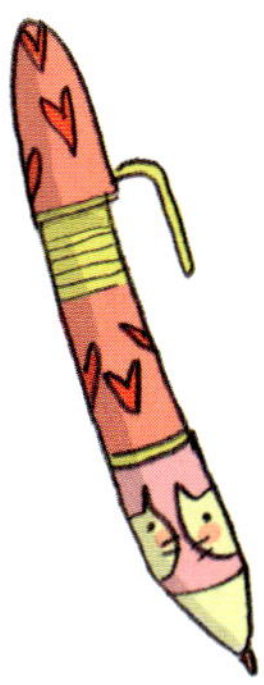

Compréhension – Débat

- Où est parti Élio ?
- Que fait Lila ?
- Pourquoi maman lui prête-t-elle son téléphone ?
- Comment aurais-tu réagi à la place de Lila ?

d'autres lectures sur www.bordas-ltt.fr

f ph

le téléphone

le téléphone

Je lis des syllabes

ph-a → pha ph-i → phi ph-o → pho

ph-in → phin ph-an → phan ph-il → phil

pha	fa	pa	fé	phé	pé
phi	pi	fi	fin	pin	phin

Je lis des mots

pha-re → phare dau-phin → dauphin

pho-to → photo é-lé-phant → éléphant

le nénuphar	l'alphabet	le photographe
le paragraphe	le pharaon	la photocopie

Je lis un texte

Lila écrit une carte à son ami Élio.
Elle n'a pas peur de faire des fautes d'orthographe.
Elle prend une carte avec un éléphant et écrit
tout un paragraphe.
Romane a sali la carte de Lila. Pour la consoler,
la mère de Lila lui prête son téléphone pour appeler Élio.

41 [k]

Petit Féroce et Sifflotin

Petit Féroce parle de son ami Sifflotin...

Sifflotin sifflote joyeusement et joue avec son nouveau collier à dents de **requin**, un cadeau de mon papa Grand Féroce. Parce que, depuis que Sifflotin habite chez nous, c'est toujours la même chanson dès que je fais une petite bêtise de rien du tout.

D'abord, papa Grand Féroce me reproche :

– Sifflotin, au moins, il écoute ce que je dis. Il s'applique et il deviendra un grand chasseur. Mais toi, Petit Féroce, à ton âge, tu es incapable de reconnaître un poil de diplodocus d'un cheveu de dinosaure.

Ensuite, maman Jolie Féroce ajoute :

– Sifflotin, au moins, il m'aide chaque jour à nettoyer la caverne, et il astique la marmite sans que je le lui demande.

Mon amie Cerise se moque de moi :

– Sifflotin, au moins, pour un garçon, il est presque mignon et presque gentil et pas trop bête, tandis que toi...

Et même Roûmm, mon ronronge, adore que Sifflotin lui fasse des nœuds pour rire dans sa **queue** interminable.

D'après Paul Thiès, *Petit Féroce n'a peur de rien*, © Rageot éditeur.

Compréhension – Débat

- Que reproche papa Grand Féroce à Petit Féroce ?
- Que reproche maman Jolie Féroce à Petit Féroce ?
- Toi aussi, as-tu déjà voulu être parfait(e) ? Raconte.

d'autres lectures sur www.bordas-ltt.fr

c

Q q K k

Q q K k

le requin

le requin

le kangourou

le kangourou

Je lis des lettres

q p k q k q Q K

k q p q k q K Q

Je lis des syllabes

k - é → ké   k - i → ki   k - o → ko

qu - e → que   qu - i → qui   qu - an → quan

ko   kan   kar   ké   quoi   que   qui   quel

Je lis des mots

ké - pi → képi   bar - que → barque

kaki	un phoque	le paprika	quitter
un koala	le coq	pourquoi	la queue

Je lis un texte

Papa pense que Sifflotin sera un bon élève.
Maman trouve que Sifflotin l'aide beaucoup.
Mon amie aussi se moque de moi.
Roûmm aime quand Sifflotin
fait des nœuds dans sa queue.

42 [ʃ]

Histoire de Lila

Perdu !

Dimanche, Élio et Omar vont voir un **château fort**.
On leur montre la cheminée où l'on pouvait préparer quinze poulets !
Élio se penche pour regarder.
Quand il se retourne, il est seul. Le groupe est parti ! Il va dans la salle à côté. Personne.
Il rebrousse chemin, tourne à gauche, s'arrête.
Il est perdu !
Il réfléchit, retourne sur ses pas et, soudain, il voit Omar.
– Ah ! Quand même ! déclare-t-il.
Je me perds et tout le monde s'en fiche !
– Mais non, dit Omar. Justement, je te cherchais !
La colère d'Élio tombe d'un coup.
– Ah… Où est le groupe ? demande-t-il.
Omar regarde autour de lui et dit :
– Euh… Je ne sais plus !

Compréhension – Débat

- Que font Élio et Omar dimanche ?
- Pourquoi Élio se penche-t-il ?
- Pourquoi se met-il en colère contre Omar ?
- T'es tu déjà perdu(e) ou retrouvé(e) seul(e)? Raconte.

d'autres lectures sur www.bordas-ltt.fr

ch

le **ch**âteau fort

*le **ch**âteau fort*

Je lis des syllabes

ch-a → cha   ch-e che   ch-i chi

ch-ou → chou   ch-on → chon   ch-oi → choi

cho	chu	chin	chan	cheu	chez	chai
cha	jo	chou	chau	jan	jeu	chet

Je lis des mots

cha-peau → chapeau   che-min → chemin

bou-chon → bouchon   chè-vre → chèvre

acheter	charmant	une flèche
marcher	un hochet	une couche
enchanté	le cornichon	le chaton

Je lis un texte

Au château fort, Élio est resté regarder la cheminée. Quand il se retourne, il voit que tout le monde est parti : il est perdu ! Il cherche les autres et rencontre Omar sur son chemin. Omar était à sa recherche, mais lui aussi s'est perdu !

43 [s]

La malle volante

Il était une fois un marchand si riche qu'il aurait pu paver toute la rue avec des pièces d'argent. Il savait employer sa fortune et, s'il dépensait un sou, c'est qu'il savait gagner un écu. Voilà quelle sorte de marchand c'était, et puis, il mourut.

Son fils hérita de tout cet argent et il mena joyeuse vie ; il allait chaque nuit au bal masqué, fabriquait des **cerfs-volants** avec des billets de banque, et faisait des ricochets sur la mer avec des pièces d'or. À ce train, l'argent filait vite... À la fin, le **garçon** ne possédait plus que quatre sous et ses seuls vêtements étaient une paire de pantoufles et une vieille robe de chambre. Ses amis l'abandonnèrent. Mais l'un d'entre eux, qui était bon, lui envoya une vieille malle en lui disant : Fais tes paquets !

C'était vite dit, il n'avait rien à mettre dans la malle. Alors, il s'y mit lui-même.

Quelle drôle de malle ! Si on appuyait sur la serrure, elle pouvait voler.

D'après Hans Christian Andersen, *La Malle volante.*

Compréhension – Débat

- Comment le fils emploie-t-il l'argent de son père ?
- Que lui arrive-t-il ? Quel cadeau lui offre-t-on ?
- Qu'est-ce que cette malle a de particulier ?
- As-tu déjà voyagé ? Raconte.

d'autres lectures sur www.bordas-ltt.fr

c ç
ce ci
ç = s

un **c**erf-volant

un cerf-volant

un gar**ç**on

un garçon

Je lis des syllabes

c-e → ce = se

c-i → ci = si

ç-a → ça = sa

ç-on → çon = son

ce	ci	ca	ça	çoi	coi	cai
co	ço	cin	çan	can	çu	cu

Je lis des mots

le-çon → leçon

cer-veau → cerveau

ci-tron → citron

cin-quan-te → cinquante

un hameçon	le cinéma	la chance	déçu
une épicerie	un centime	la façade	lancer

Je lis un texte

Il était une fois un riche marchand.
Ce marchand avait un fils. À la mort du marchand, le garçon dépense tout. Un jour, il s'aperçoit qu'il n'a plus de sous : il ne lui reste plus un centime. Ses amis le déçoivent, sauf un qui lui offre une malle. C'est une malle fantastique : elle peut voler.

Je découvre le temps des verbes

1 Observe les trois étapes de la vie de Marine.

Quand Marine était petite,
on la promenait en poussette. →

← Maintenant, elle se promène
en vélo.

Quand elle sera grande,
elle se promènera en voiture. →

Cherche dans chaque phrase le verbe « se promener » : pourquoi est-il différent dans chaque phrase ? Comment le sais-tu ?

2 Place les verbes se promènera, se promenait sur l'axe du temps.

hier **aujourd'hui** **demain**

elle se promène

3 Lis les phrases et complète-les avec le verbe proposé entre parenthèses.

Hier, Omar ________ trop de frites. (manger)

Après demain, Romane ________ à la mer. (partir)

Maintenant Lila ________ sur l'ordinateur. (jouer)

• Dans la phrase, certains mots nous aident à choisir le temps qu'il faut : **hier**, **aujourd'hui**, **demain**.

4 Lis les phrases.

Élio a regardé la télé.

Élio regarde la télé.

Élio regardera la télé.

Omar a acheté un gâteau.

Omar achète un gâteau.

Omar achètera un gâteau.

Indique quand se passe l'action pour chaque phrase : hier, aujourd'hui, demain.

Ici, c'est la **forme** du verbe qui nous indique quand se passe une **action**.

5 Dans les phrases de l'exercice 3, par quels mots peux-tu remplacer Lila ? Omar ? Romane ?

Des noms peuvent être remplacés par des **pronoms**.

On appelle ces mots des **pronoms de conjugaison**.

Exemples : Lila → elle Omar → il

Lire un propectus

Omar pense déjà à ses vacances d'été.
Il aimerait aller au bord de la mer.

SUR LA CÔTE D'AZUR

La mer

De la pêche en mer

- 120 KILOMÈTRES DE CÔTES
- DES SITES REMARQUABLES
- DES CAPS
- ET DU BEAU TEMPS GARANTI !

Les Alpes d'Azur

Un lac du Mercantour

Le parc du Mercantour

Il lit un document sur la Côte d'Azur.

Des cités historiques

- GRASSE
- MENTON
- ANTIBES...

Cannes

Des villes célèbres

Nice, promenade des Anglais

Grasse

Comment arriver ?

Facilement :

- Par la route : autoroute A8.
- Par le train : gares de Grasse, Cannes, Nice, Menton...
- Par les airs : aéroport de Nice.

Omar est conquis.
Il ne lui reste plus qu'à convaincre ses parents.

44 [ʒ] [g]

Histoire de Lila

Souvenir, souvenir

Lila et Marine regardent des photos.
Lila raconte :
– Ici, je suis sur un **manège**. J'ai trois ans.
Là, je suis au zoo avec mon papi.
J'ai quatre ans. Tu vois ce singe dans sa cage
comme il a l'air fatigué ?
Et la **girafe** ! Avec sa tête, elle peut toucher les nuages !
Ici, je suis avec papa au **guichet** du cinéma.
Regarde ! Je suis trop petite ! On ne voit que ma tête !
Pourtant, j'ai déjà cinq ans.
Marine montre une photo et demande :
– Et là ? C'est toi ?
– Oui, répond Lila. Je suis en train de lire.
– Mais ton livre n'est même pas à l'endroit !
remarque Marine.
– Normal, ici, j'ai un an !

Compréhension – Débat

- Est-ce que Lila lit le livre ? Comment le sais-tu ?
- Explique le titre : « Souvenir, souvenir ».
- Aimes-tu regarder les photos de toi petit(e) ? Pourquoi ?

d'autres lectures sur www.bordas-ltt.fr

ge gi
gue gui

le manège
le manège

la girafe
la girafe

le guichet
le guichet

Je lis des syllabes

g-e → ge = je

g-i → gi = ji

gu-e → gue

gu-i → gui

ga	go	gui	gi	gue	ge	gu
gon	geon	gué	gé	gè	guè	gea

Je lis des mots

ge-nou → genou

ba gue → bague

guê-pe → guêpe

pi-geon → pigeon

le gendarme	une guitare	la cage	une figue
l'argent	un villageois	guérir	imaginer

Je lis un texte

Lila montre à Marine des photos.
– Tu vois ce singe dans sa cage ?
Il a l'air fatigué ! Et la girafe ?
Elle peut toucher les nuages !
– Et là, tu es sur un manège !

45 [z]

Babar jardinier

Dans un coin du jardin de Babar,
Pom a fait pousser des radis.
Il en arrache une botte pour le déjeuner.
Un peu plus loin, son frère Alexandre
cueille des fraises et des groseilles.
[…]
Les fleurs ne sont pas vraiment belles
si on ne les arrose pas beaucoup, beaucoup.
Babar prend son tuyau d'arrosage.
Les enfants l'aident avec leur trompe,
mais le plus souvent ils s'aspergent en riant aux éclats.
– Arrêtez ! Cela suffit, dit Babar. Vous allez sûrement
vous enrhumer.
Les oiseaux picorent les cerises.
– Cueillons-les vite, dit Babar, sinon il n'en restera plus.
Aussitôt, tout le monde grimpe dans l'arbre.

« *Babar jardinier* »,

Laurent de Brunhoff.

d'autres lectures sur
www.bordas-ltt.fr

Compréhension – Débat

- Que fait Pom ? Que fait Alexandre ?
- Que font Babar et les enfants ?
- Jardines-tu ? Que faut-il aux plantes pour pousser ?

s = z
quand s est entre deux voyelles

une fraise
une fraise

Je lis des syllabes

ase	ési	isa	use	osa
aise	ouse	oise	aison	ison
ase	asse	iser	isser	osé

Je lis des mots

chai-se → chaise   bi-sou → bisou

la base	basse	viser	visser
la cerise	la tasse	l'ardoise	la bosse
la framboise	arroser	invisible	s'amuser

Je lis un texte

Pom fait pousser des radis.
Son frère mange des fraises.
Babar, lui, arrose les fleurs, car si on ne les arrose pas, elles ne sont pas vraiment jolies.
Les enfants l'aident, mais, le plus souvent, s'amusent à s'asperger.
Pendant ce temps, les oiseaux picorent les cerises rouges.

Sur les traces de Pacha

Pacha, le chat de Lila, a disparu !
– Je vais t'aider à le chercher, propose Élio.
Où l'as-tu vu pour la dernière fois ?
– Dans l'escalier.
– Alors, montons. Oh ! La fenêtre est ouverte !
Il a dû aller sur la **gouttière** !
– Non ! Regarde les traces sur le **clavier**
de l'ordinateur. Il est passé par là !
Élio fait le tour de la pièce.
Il découvre d'autres traces
sur un papier.
Elles vont dans le jardin.
Lila se lamente :
– Et si un **camion** l'avait écrasé ?
Soudain, la maman de Lila s'écrie :
– Où est passée ma viande ?
– Je crois que Pacha a fait une grosse bêtise,
murmure Lila. Il a volé la viande !

Compréhension – Débat

- Pourquoi Lila et Élio cherchent-ils Pacha ?
- Comment s'y prennent-ils pour essayer de le retrouver ?
- As-tu déjà cherché quelque chose ?
- Raconte comment tu as fait pour la retrouver.

d'autres lectures sur www.bordas-ltt.fr

ié iè ia ier ion

la gouttière
la gouttière

le camion
le camion

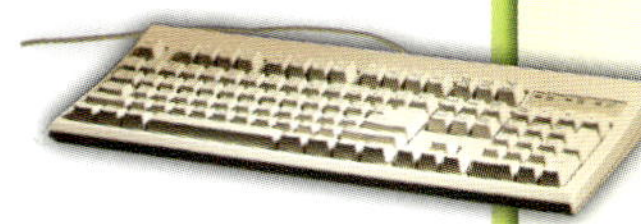

le clavier
le clavier

Je lis des syllabes

ia ié ier iè iet iai ia iau

ian ial iel ieu ieur ion iu io

Je lis des mots

le pied un pieu le ciel un chiot le lion

Je lis des mots

pia-no → piano

ri-viè-re → rivière

é-vier → évier

cam-brio-ler → cambrioler

un avion	s'écrier	le kiosque	vérifier
la soupière	la viande	le radiateur	inquiet

Je lis un texte

La dernière fois que Lila a vu son chat,
il était dans l'escalier. Le chat a laissé des traces
sur le clavier de l'ordinateur et sur un papier.
Il doit être dehors : il a volé
la viande de maman !

47 [j]

Pour se réveiller

Mon **œil** droit ouvre-toi
Le gauche ne bouge pas
Un peu de **soleil** glisse sur le lit
J'ouvre mes oreilles
Et j'entends du **bruit**
Les autos ronronnent
Les horloges sonnent
Les grands se lavent les pieds
Les mamans font du café
Les papas s'habillent
Mais que font les **filles** ?
Elles **apprennent** leurs leçons
Pour étonner les garçons
Qui dans les **cuisines**
Mangent leurs tartines
Tout le monde est éveillé
Et je vais pouvoir bouger
Mon œil gauche ouvre-toi
Le droit ne te ferme pas
Un peu de soleil glisse sur le lit
Debout mes orteils
Je vais faire du **bruit** !

Anne Sylvestre, *Chansons pour…*, © A. Sylvestre, Fabulettes n°1.

Compréhension – Débat
- Pourquoi l'auteur de ce texte dit-elle : « Mon œil droit ouvre-toi » ?
- Qu'entend-elle ? Que se passe-t-il autour d'elle ?
- As-tu, toi aussi, du mal à te réveiller le matin ? Raconte.

d'autres lectures sur www.bordas-ltt.fr

ail aille
eil eille
euil euille œil
ouille

une fille
une fille

le soleil
le soleil

un œil
un œil

Je lis des syllabes

ill	il	eil	el	aill	all
ouill	oul	euil	eul	eill	ell
rail	œil	teil	deuil	veil	tail

Je lis des mots

l'ail　　un œil　　un rail　　une bille

Je lis des mots

ré - veil → réveil

vi - trail → vitrail

é - cu - reuil → écureuil

so - leil → soleil

bâiller	le portail	un orteil	chatouiller
l'œillet	le bouillon	le travail	une feuille

Je lis un texte

La petite fille a ouvert un œil. De son lit, elle voit le soleil. Le papa s'habille et va au travail.
Elle dit : « Debout mes orteils ! », bâille, et finalement sort de son lit.
C'est dur de se réveiller le matin !

Le jeu du yéti

Lila, Élio, Marine et Omar jouent à un jeu
de société : « Au royaume du yéti ».
Lila est embêtée : pour nourrir son yéti,
elle a tiré une carte avec du **gruyère** !
Vite, elle la cache et en tire une autre.
Peu après, elle déclare joyeusement :

– J'ai fini !
– Tu as triché ! lance Marine.
Mais une carte tombe de sa manche !
– C'est toi qui as triché ! s'écrie Omar.
– J'avais une carte avec du yaourt, riposte Marine.
Impossible de nourrir mon yéti !
– Et moi, alors ? J'avais de la mayonnaise ! dit Omar.
– Et qu'as-tu fait ?
– Euh…, commence Omar.
Soudain, Élio se lève et lance ses cartes sur le sol.
Il est très en colère.
– C'est incroyable ! Vous êtes tous des tricheurs !
On ne peut pas jouer avec vous !

Compréhension – Débat

- À quoi jouent les enfants ?
- Qui a triché ? Comment le sais-tu ?
- Pourquoi Élio se fâche-t-il ?
- As-tu déjà triché au jeu ? Raconte.

d'autres lectures sur
www.bordas-ltt.fr

Y y

Y y

le gruyère

le gruyère

Je lis des lettres

y j p g y q k y H Y

y g y p q y f y Y J

Je lis des syllabes

y a → ya   y é → yé   y o → yo   y u → yu

ya	yo	ji	yé	ju	yan	yé
ge	yu	ail	yas	jo	œil	you

Je lis des mots

crayon royaume noyau gruyère

royal	une rayure	le voyage	joyeuse
balayer	le yaourt	le yéti	le yoga

Je lis un texte

Pour nourrir son yéti, Lila a tiré une carte avec du gruyère. Marine a une carte avec du yaourt et Omar une carte avec de la mayonnaise.
Impossible de nourrir le yéti !
Ils cachent tous leur carte et en tirent une autre.

Je découvre l'ordre alphabétique

Voici, dans l'ordre, les lettres de l'alphabet.

a	b	c	d	e	f	g	h	i	j	k	l	m
A	B	C	D	E	F	G	H	I	J	K	L	M

- **Pour ranger les mots, on commence par les lire.**
  lac, forêt, seau, baguette, panda.
- **Ensuite, on repère la première lettre de chaque mot.**
  lac, forêt, seau, baguette, panda.
- **Parmi ces lettres, le b vient en premier dans l'alphabet, donc le premier mot est baguette.**
- **Ensuite, dans l'ordre, les lettres sont : f, l, p, s.**
  Donc, l'ordre alphabétique des mots est :
  baguette, forêt, lac, panda, seau.

1 **Classe chaque groupe de lettres dans l'ordre alphabétique.**

s, c, v   g, r, e   a, t, f, c   r, z, q, h, m

L'alphabet français comporte 26 lettres ; tu dois le connaître par cœur.

n o p q r s t u v w x y z

N O P Q R S T U V W X Y Z

2 Lis les mots suivants :

rat

cerises

tambour

botte

perceuse

zibeline

Indique la première lettre de chaque mot.

Range les mots dans l'ordre alphabétique.

Comment **classer** les mots dans **l'ordre alphabétique** ?

Lire des publicités

Comme toi, Élio voit des publicités dans les rues, sur les affiches, dans les journaux, à la télé et au cinéma.

- Elles nous informent :

- Elles vantent les qualités d'articles ou de services :

Elles nous poussent à acheter :

Elles peuvent aussi apparaître sur les vêtements de personnes connues à qui l'on a envie de ressembler !

Comme Élio, apprends à reconnaître les publicités et à ne pas croire tout ce qu'elles peuvent raconter...

Je fais le point 4

1 Je connais les lettres.

h q k ç y p d c l j

ç y q h p k i b f g

H K Q Ç Y J L S N M

Ç Y H F K Q U V Z D

2 Je connais les syllabes.

em pha que cha ké ce gi ha ill

ça gui ge iè ya ier euil ise

3 Je sais lire les mots.

ré-veil → réveil

gla-çon → glaçon

chai-se → chaise

gui-ta-re → guitare

un hôtel	le dauphin	un disque
la leçon	le cinéma	le guidon
la rivière	le crayon	un rayon
le képi	le raisin	royal
le bouchon	une girafe	un fauteuil

4 Je sais lire les mots outils et je les utilise dans une phrase.

il/elle est/sont moi/toi des/les

5 Je sais lire le texte.

Lila a tiré une carte avec du gruyère. Elle triche et en tire une autre. Marine l'a vue, mais Omar a vu que Marine trichait aussi. Élio s'énerve et lance ses cartes sur le sol. Romane les prend tous en photo.

Je comprends et je réponds.

Questions à lire par l'enseignant

- Quels sont les cinq enfants dont parle l'histoire ?
- Qui verra-t-on sur la photo ?
- Donne un titre à l'histoire.

6 Je sais faire une phrase avec ces mots et je la recopie.

Françoise Océane Quentin

a ont et

ciré arrosé travaillé remercié

la le l' les à

chaussures. fleurs. école. paysan.

7 Je sais ranger des mots dans l'ordre alphabétique.

quatorze
hirondelle
trompette
fourchette
bijoutier
nénuphar

Gustave Taloche

Mon nom, c'est Taloche, Gustave,
mais à l'école, les dames de service
m'appellent Gustave le Conquérant,
parce que j'aime bien la bagarre.
J'aime tous les genres de bagarre.
Les petits gnons, les bastons,
la castagne, les batailles,
les **châtaignes** et les marrons.
J'aime quand ça chauffe.
Le grabuge, ça me plaît, quoi.
L'ennui, c'est ma mère :
la bagarre, ça la fatigue.
La maîtresse ne supporte pas.
Et les mères des copains…
j'en parle pas.
Se battre, c'est interdit ; sinon on est puni.
Pire : convoqué dans le bureau de la directrice.

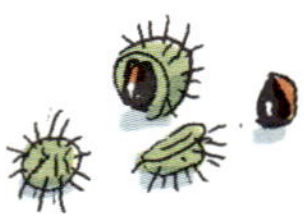

Gustave Taloche, Béatrice Fontanel,

Compréhension – Débat

- Quel est le surnom de Gustave Taloche ? Pourquoi ?
- Comment réagit son entourage ?
- Est-ce qu'il t'arrive de te battre ? Pourquoi ?

d'autres lectures sur www.bordas-ltt.fr

gn

la châtaigne

la châtaigne

Je lis des syllabes

gn - a → gna   gn - e → gne   gn - ol → gnol

gna	gne	gné	gnet	gner	gni	gno
gnal	gnon	gnan	gnoi	gneur	gnar	gnu

Je lis des mots

li - gne → ligne   ga - gner → gagner

mi - gnon → mignon   sei - gneur → seigneur

se résigner	la montagne	accompagner
la castagne	le gagnant	soigner
magnifique	enseigner	la cigogne
le beignet	grogner	la campagne

Je lis un texte

Gustave Taloche aime la castagne.

Il aime aussi donner des gnons et des châtaignes.

On va l'accompagner chez le directeur.

Il va devoir se résigner à être plus sage.

Moi, plus tard…

– Moi, déclare Damien, plus tard, je serai mécanicien.
– Moi, dit Marine, je serai aventurière. J'irai en Afrique, dans la jungle. Ou alors, avec mes **chiens** de traîneau, j'irai loin sur la banquise pour observer les pingouins.

– Moi, annonce Omar, je serai chirurgien, comme mon papa.

– Et tu nous soigneras ! dit Marine.
– Oui, mais il faudra me le demander gentiment !
– Moi, dit Élio, je voudrais un métier pas comme les autres.
– Comme quoi ? lance Omar.

– Eh bien… Détective !
– Et toi, Lila, tu as une idée ? demande le maître.
Lila secoue la tête.
– Rien ? insiste le maître.
– Si, peut-être, répond Lila.
Raconteuse d'histoires !

Compréhension – Débat
- Que veut devenir Marine plus tard ?
- Explique ce qu'est une raconteuse d'histoires.
- Quel métier voudrais-tu exercer quand tu seras grand(e)? Pourquoi ?

d'autres lectures sur www.bordas-ltt.fr

ien oui oin

le chien

le chien

Je lis des syllabes

ien	oin	oui	ain	ein
oui	ain	ien	oin	ein

Je lis des mots

le chien	un point	le soin	le lien
le coin	le rein	le sien	rien

Je lis des mots

gar-dien → gardien

poin-tu-re → pointure

cam-bouis → cambouis

mu-si-cien → musicien

le besoin	oui	un ouistiti
joindre	bien	combien

Je lis un texte

Quand il sera grand, plus tard, Damien sera mécanicien. Avec ses chiens, Marine ira sur la banquise observer les pingouins. Omar, lui, aimerait être chirurgien. Personne ne veut devenir magicien ? Non, détective, c'est très bien !

51 [ɥi]

Djeha et la lune

Un soir, Djeha alla puiser de l'eau.
Il s'accouda à la margelle du **puits**
et aperçut la lune qui se reflétait dans l'eau.
Il crut que celle-ci était tombée au fond.
Il décrocha le seau servant à puiser l'eau.
Puis il fit descendre la corde au bout de laquelle
se trouvait un crochet, s'imaginant ainsi
pouvoir attraper la lune et la sortir du puits.
Le crochet finit par se prendre
entre les pierres de la paroi.
Djeha crut qu'il avait attrapé la lune.
Il tira de toutes ses forces sur la corde.
En vain. Il s'obstina et soudain le crochet
remonta brusquement et vint le frapper
en plein visage.
Djeha fut projeté en arrière et
se retrouva allongé sur le sol.
Il aperçut alors la lune au-dessus de lui.
– J'ai réussi à la remettre à sa place !
s'écria-t-il, satisfait.

D'après Jean Muzi, « *Djeha et la lune* » in *1000 ans de contes tunisiens* © Éditions Milan.

Compréhension – Débat

- Pourquoi Djeha croit-il que la lune est tombée au fond ?
- Que fait-il pour essayer de la sortir du puits ?
- Voit-il la vraie lune quand il tombe en arrière ?
- T'est-il déjà arrivé de croire qu'un reflet était vraiment une personne, un animal ou une chose ? Raconte !

d'autres lectures sur www.bordas-ltt.fr

ui

le puits
le puits

Je lis des syllabes

ui	oui	ien	ui	un	in
sui	cui	nui	lui	rui	fui
in	*ui*	*ien*	*oui*	*ui*	*un*

Je lis des mots

le puits   la nuit   puis   le buis   la pluie

Je lis des mots

bis-cuit → biscuit   trui-te → truite

cui-si-ne → cuisine   pa-ra-pluie → parapluie

l'huile	aujourd'hui	conduire	gratuit
minuit	le ruisseau	suivre	épuiser

Je lis un texte

Djeha a vu le reflet de la lune dans le puits.
Il croit que c'est la lune !
Il espère l'attraper avec le seau qui sert à puiser l'eau.
Sûr de pouvoir la sortir du puits, il tire de toutes ses forces.
Le seau le frappe au visage : il tombe et voit la lune au-dessus de lui. Il pense l'avoir remise en place !

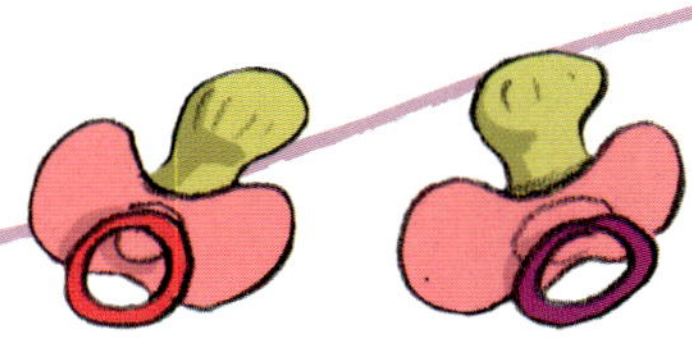

Les jumelles

Dans la rue, Lila croise Omar.
Il a l'air de faire la tête. Elle lui demande :
– Tu vas bien, Omar ?
– Non, j'en ai marre, répond Omar.
– Mais pourquoi ?
– Mes sœurs sont nées. Des jumelles !
– Quelle chance ! dit Lila.
– Tu parles ! C'est infernal. La poussette prend toute la place. La **poubelle** déborde de couches. Mon père ne parle que de ses belles petites princesses. Ma mère ne s'occupe que d'elles. Après le repas, c'est à moi de tout ranger : les assiettes, les **verres**, les **fourchettes**, les serviettes… Invivable !
– Je vois…, murmure Lila. Et si tu venais chez moi ?
– Merci, c'est gentil. Mais il faut que je rentre. Sans moi, ils sont perdus ! Et puis, j'ai peur que les jumelles, soient tristes si je ne suis pas là…

Compréhension – Débat

- Pourquoi Omar fait-il la tête ?
- Lila dit « Quelle chance » : est-ce qu'Omar est d'accord avec elle ?
- Es-tu parfois jaloux(se) de tes frères et/ou sœurs et/ou camarades ? Explique pourquoi.

d'autres lectures sur www.bordas-ltt.fr

ell ess
ett err
enn eff

la poubelle
la poubelle

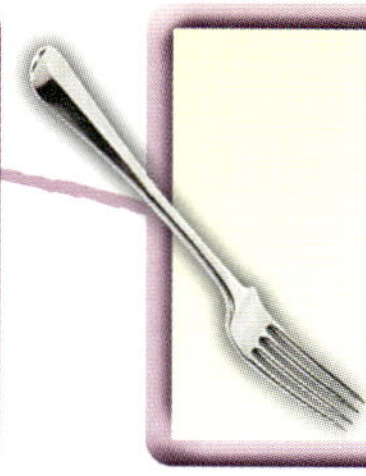

la fourchette
la fourchette

le verre
le verre

Je lis des syllabes

elle enne erre
esse ette eff

Je lis des mots

la terre une benne belle cette

Je lis des mots

effacer une ficelle une antenne
une tresse une assiette une baguette
atterrir dessiner mettre

Je lis un texte

Omar n'a pas l'air content de la naissance de ses sœurs jumelles : leur poussette prend toute la place, la poubelle est pleine de couches et son père ne parle que de ses princesses. Omar dit qu'elles vont être tristes, et regrette d'être parti ; alors il décide de rentrer chez lui.

Lire des couvertures

Lila adore les livres.

- Quand elle regarde la couverture d'un livre, elle peut connaître :

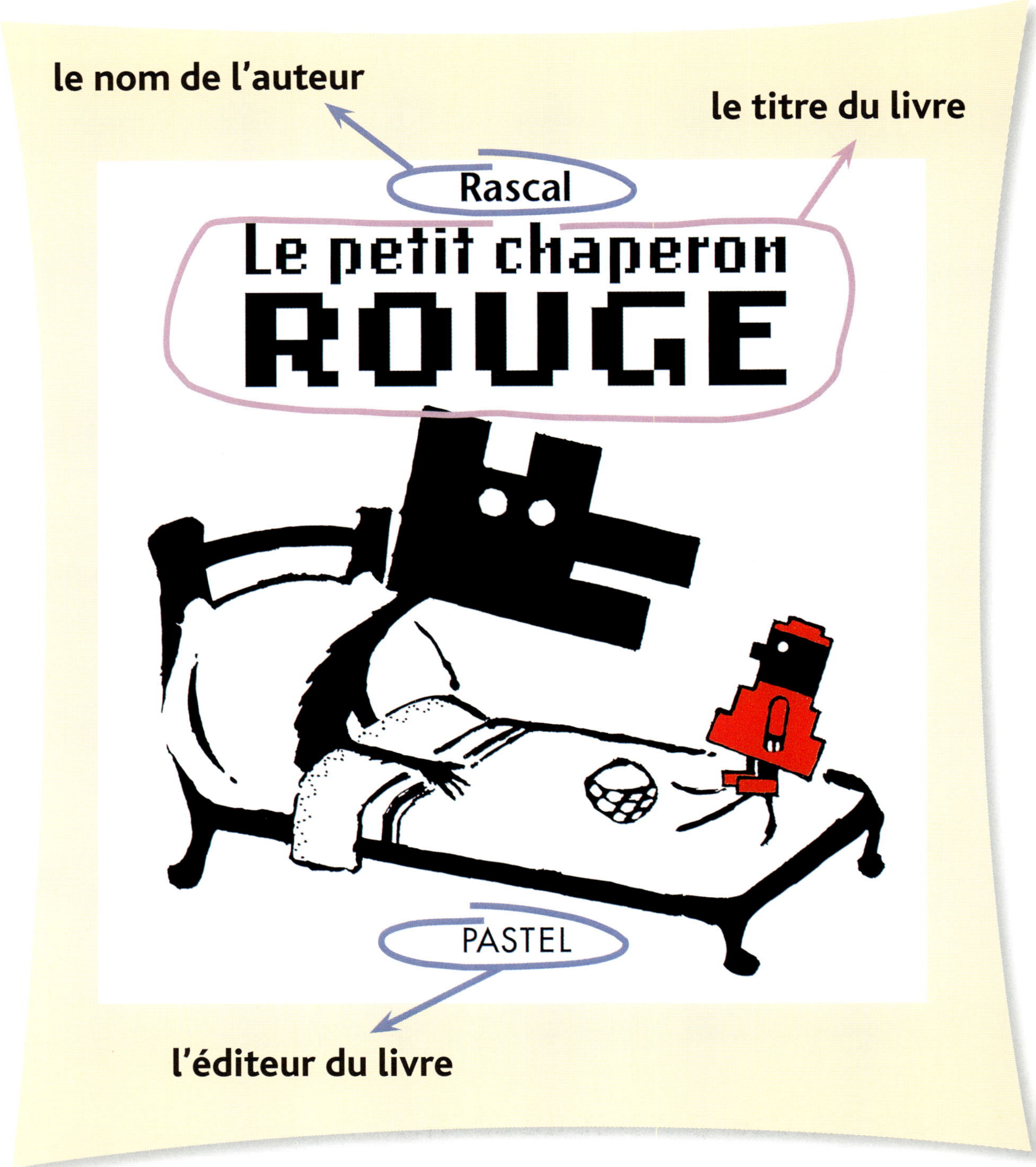

- Et voici une partie du sommaire du livre *Le Petit Nicolas*.

Le sommaire lui permet de connaître le contenu du livre.

Quand j'ai été puni

Nathalie, ma voisine, m'a regardé de travers.
Elle a chuchoté :
– On a tous fait la **punition**, et toi, pas. Moi, j'ai fini hier à huit heures. J'ai même pas pu regarder la télé. C'est de ta faute. C'est pas juste, vraiment pas juste !
Alors là, c'est moi qui me suis mis en colère, très fort, comme papa.
– Si, c'est juste ! Toi, dans le couloir, tu as fait du bruit et tu étais dans la bousculade. Moi, je n'y étais pas. J'étais aux cabinets et j'avais même demandé l'autorisation.
Alors, toi, tu as fait ta punition. Et moi, je n'avais pas à la faire !
Je lui aurais bien dit un gros mot en plus.
Mais ça, c'est interdit.
Alors je ne l'ai pas dit.
Mais je l'ai pensé très fort.
Et je n'ai plus parlé à Nathalie.

Quand j'ai été puni, Claude Gutman, © Éditions Actes Sud, 2006.

Compréhension – Débat
- Pourquoi Nathalie regarde-t-elle de travers celui qui raconte ?
- Est-il d'accord avec elle ?
- As-tu déjà pensé que tu avais été puni(e) injustement ? Raconte.

d'autres lectures sur www.bordas-ltt.fr

tion = ssion

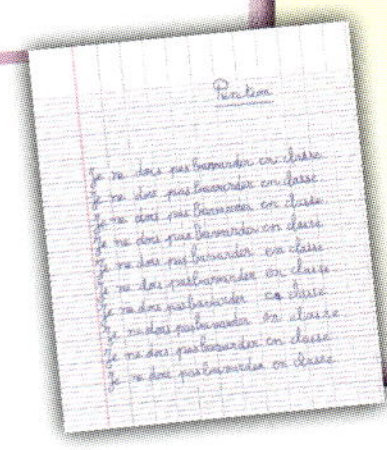

la puni**tion**

*la puni**tion***

Je lis des syllabes

ion	oin	in	on	sion	soin
ton	tien	tion	noi	tion	sion

Je lis des mots

a-via-tion → aviation   na-ta-tion → natation

attention	une opération	la discussion
l'invention	une réduction	la réparation
l'émission	une information	l'autorisation
la correction	une inondation	une punition

Je lis un texte

Nathalie n'est pas contente. Elle a fait sa punition et n'a pas pu voir son émission favorite.
Elle dit que c'est de ma faute, mais ce n'est pas vrai.
J'avais reçu l'autorisation de sortir et je n'avais pas participé à la bousculade.
Elle m'a énervé et je lui aurais bien donné une correction. Si elle ne veut plus de punitions, elle devra faire attention.

54 La lettre x

Histoire de Lila

Marine et le saxophone

Marine s'exerce au saxophone.
– Tu exagères ! s'exclame son frère.
Je ne peux pas me concentrer et j'ai six exercices de maths !
Marine reprend, plus doucement.
Mais sa petite sœur se met à pleurer !
– Joue moins fort, exige sa mère.
Marine lève les yeux au ciel et reprend,
encore plus doucement.
– Marine, moins fort ! Je téléphone ! dit son père.
Marine porte son **saxophone** à sa bouche,
mais elle n'ose pas souffler.
Dring ! On sonne à la porte.
– Marine ! appelle maman. C'est Élio !
Élio explique :
– Je dois m'exercer au piano et je n'y arrive pas.
Tu veux bien venir chez moi avec ton saxophone ?
À deux, ce sera mieux !
Marine sourit. Chez Élio, pas de grand frère,
pas de petite sœur !
Ils seront tranquilles.

Compréhension – Débat
- Pourquoi Marine doit-elle jouer doucement ?
- Pourquoi Élio a-t-il besoin de Marine ?
- Est-ce que tu joues d'un instrument ?
- Quel genre de musique aimes-tu ?

d'autres lectures sur www.bordas-ltt.fr

X x

le saxophone
le saxophone

Je lis des mots

x = ks	un taxi – le boxeur – le saxophone – extraordinaire – une expérience
x = gz	Xavier – exiger – exagérer – examiner – un exercice – un exemple
x = s	dix – six
x = z	dixième – deuxième – sixième
x = muet	une noix – une perdrix – des chevaux

Je lis des mots

fixe	une excuse	le prix	s'exclamer
le klaxon	s'expliquer	exister	les époux
boiteux	exactement	un texte	la voix

Je lis un texte

Marine joue du saxophone. Son frère trouve qu'elle exagère : il n'arrive pas à se concentrer sur ses exercices de maths.

Sa petite sœur se met à pleurer.

Son père et sa mère exigent qu'elle joue moins fort.

Élio doit s'exercer au piano et propose à Marine de venir chez lui avec son saxophone.

Là-bas, ils seront plus tranquilles !

Je quitte la maison

Je suis parti de la maison !
J'étais en train de jouer
dans le salon et j'étais bien
sage, et puis, simplement
parce que j'ai renversé
une bouteille d'encre sur le tapis neuf,
maman est venue et elle m'a grondé.
Alors je me suis mis à pleurer
et je lui ai dit que je m'en irais
et qu'on me regretterait beaucoup
et maman a dit :
« Avec tout ça il se fait tard, il faut
que j'aille faire mes courses », et elle est partie.
Je suis monté dans ma chambre pour prendre
ce dont j'aurais besoin pour quitter la maison.
J'ai pris mon cartable et j'ai mis dedans
la petite voiture rouge que m'a donnée tante Eulogie,
la locomotive du petit train à ressort,
avec le **wagon** de marchandises, le seul
qui me reste, les autres wagons sont cassés,
et un morceau de chocolat que j'avais gardé du goûter.
J'ai pris ma tirelire, on ne sait jamais,
je peux avoir besoin de sous, et je suis parti.

"Je quitte la maison" in *Le Petit Nicolas* de Sempé/Goscinny, © Éditions Denoël, 1960, 2002.

Compréhension – Débat

- Pourquoi le petit Nicolas veut-il quitter la maison ?
- Qu'emporte-t-il avec lui ?
- Penses-tu qu'il a raison de partir ? Que ferais-tu à sa place ?

d'autres lectures sur www.bordas-ltt.fr

W w
𝒲 𝓌

le **w**agon

le wagon

Je lis des mots

w = v wa - gon → wagon

w = ou ki - wi → kiwi

w = u un clown

Je lis des mots

le sandwich	le water-polo	un wapiti
un week-end	une webcam	un western

Je lis un texte

Nicolas a décidé de partir de chez lui,
parce que sa mère l'a grondé. Il a menacé de partir,
mais sa mère n'a pas réagi.
Nicolas a décidé de mettre sa menace à exécution.
Il a pris son cartable.
Dedans, il a mis le wagon de marchandises,
le seul des wagons qui n'était pas cassé.
Il a pris les sous dans sa tirelire.
Avec, il pourra s'acheter des sandwichs et des kiwis
et même aller voir un western.

56 [i]

Histoire de Lila

L'objet mystère

À la fête de l'école, Lila, Élio, Omar
et Marine jouent à l'objet mystère.
– Écoutez le son que fait cet objet, dit le maître.
Devinez ce que c'est, et vous repartez avec.
– Un poney qui hennit ! lance Marine.
– Une bicyclette ! propose Élio.
– Une lyre ! avance Lila.
– Non, dit Omar. Écoute le rythme !
C'est un instrument de musique,
mais un instrument sur lequel on tape.
– Bonne analyse, Omar ! l'encourage le maître.
– Des cymbales ! crie Marine.
Omar chantonne :
– C'est un instrument plein de couleurs.
On le pose devant soi. C'est un…
– **Xylophone** ! complètent les autres en chœur.
– Bravo, Omar ! dit le maître. Tu es si bon pour
poser les devinettes que tu vas me remplacer !
– Et qui aura le xylophone ? demande Élio.
– Eh bien… Nous quatre ! réplique Lila.

Compréhension – Débat
- Explique ce qu'est le jeu de l'objet mystère.
- Pourquoi le maître dit-il : « bonne analyse » à Omar ?
- Faites-vous une fête d'école en fin d'année ?
- Quels jeux aimerais-tu qu'il y ait à cette fête ?

d'autres lectures sur
www.bordas-ltt.fr

Y y

le xylophone

le xylophone

Je lis des syllabes

cy	sym	ney	by	myr	py
ly	dy	gy	hy	tym	key

Je lis des mots

tri-cy-cle → tricycle

py-ja-ma → pyjama

a-na-ly-se → analyse

po-ney → poney

rug-by → rugby

cy-gne → cygne

dynamique	une myrtille	le cycliste
une pyramide	paralysé	le jockey
un mystère	le tympan	sympathique
la gymnastique	le thym	il y a

Je lis un texte

Au jeu de l'objet mystère, on doit trouver le nom
de l'objet. Le maître a choisi un xylophone.
Il en fait écouter le son. Marine pense
que c'est un poney, Élio dit que c'est une bicyclette
et Lila croit que c'est une lyre.
Omar devine de quoi il s'agit et dit aux enfants
que c'est un instrument de musique plein de couleurs.
Tous en chœur, ils disent : « Un xylophone ! »

Madame Catastrophe

Madame Catastrophe adorait rendre service aux gens. [...]
Un jour, les lacets de chaussures de monsieur Grand se dénouèrent. Quand on est aussi grand que monsieur Grand, il n'est pas facile de se baisser pour rattacher ses lacets.
– [...] Je vais vous aider ! cria-t-elle.
Mais elle trouva moyen de nouer les lacets ensemble.
Et au premier pas, monsieur Grand trébucha.
Quand on est aussi grand
que monsieur Grand
et que l'on tombe,
on tombe de haut ! [...]

– Aïe ! Ma tête ! gémit-il.
– Je vais vous soigner ! cria madame Catastrophe.
Elle courut chercher un pansement et revint avec du **sparadrap**.
Elle le colla sur… la bouche de monsieur Grand !
– Mmmmmmm-mmm mm mmmm mm mmmmm ! dit-il. Ce qui signifiait : Enlevez-moi ça tout de suite ! [...]
– Je vais arranger ça ! cria-t-elle.
Et elle arracha le sparadrap d'un coup.

Roger Hargreaves, *Madame Catastrophe*,

Compréhension – Débat
- Que se passe-t-il quand madame Catastrophe veut rendre service à monsieur Grand ? Comment monsieur Grand réagit-il ?
- T'es-tu déjà trouvé(e) dans une situation où toutes les catastrophes s'enchaînaient ? Raconte.

d'autres lectures sur www.bordas-ltt.fr

sp st sc squ

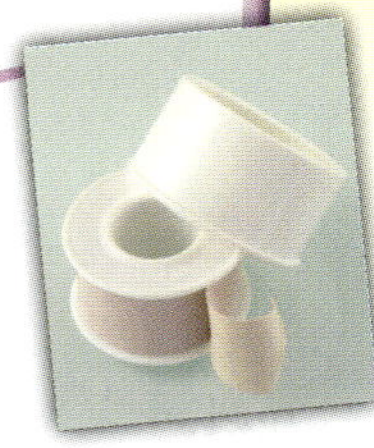

le **sp**aradrap
le sparadrap

Je lis des syllabes

sca	spa	sta	spé	sco	spo
stu	spor	stro	sque	spec	splen

Je lis des mots

sta-de → stade
sto-re → store
stu-dio → studio
spor-tif → sportif

spécial	le spectacle	un squelette
splendide	stupéfaite	une stupidité
un scarabée	une spirale	le sparadrap
scolaire	stopper	un scorpion

Je lis un texte

Madame Catastrophe fait beaucoup de bêtises.
Pour soigner monsieur Grand, elle a trouvé un traitement un peu spécial : elle lui colle du sparadrap sur la bouche.
Il est stupéfait, mais il ne peut plus parler.
Elle arrache le sparadrap d'un seul coup.
Qu'elle est stupide ! Ça fait très mal !

Je découvre les mots de sens opposé

1 Observe et lis.

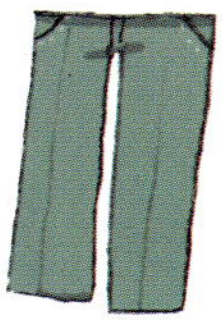

un pantalon propre

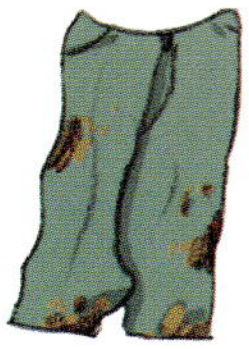

un pantalon sale

un enfant triste

un enfant gai

une petite balançoire

une grande balançoire

- Certains adjectifs ont un **sens opposé** : ils veulent dire **le contraire** l'un de l'autre.

Exemple : **ouvert** / **fermé**

Un **adjectif** précise le nom.

2 Trouve un adjectif de sens opposé.

une porte ouverte

un petit bateau

un taureau énervé

3 Observe et lis.

Élio ouvre la porte.

Élio ferme la porte.

Omar rit.

Marine pleure.

Romane a cassé son vélo.

Flora a réparé l'ordinateur.

- Certains verbes aussi veulent dire **le contraire** l'un de l'autre. Ils ont un **sens opposé**.

Exemple : **vendre / acheter**

4 Trouve les verbes et remplace-les par des verbes de sens opposé.

Le facteur a sali son uniforme.
Maman achète des framboises.
Lila remplit le seau.
Le directeur récompense Élio.

Le **verbe** indique ce que fait la personne.

Lire des panneaux de signalisation

Marine a décidé d'apprendre le code de la route.

- Il y a des signaux d'indication...

Passage pour piétons

Fin d'une autoroute

Impasse

- ... et des signaux de service.

Toilettes ouvertes au public

Point de pique-nique

Hôtel ou motel ouvert 7 jours sur 7

- Il y a des panneaux d'avertissement et de danger.

Virage à droite

Annonce de feux tricolores

Passage d'animaux sauvages

- Il y a des panneaux d'interdiction…

Sens interdit à tout véhicule

Interdiction de stationner

Interdiction de dépasser la vitesse indiquée

- … et de fin d'interdiction.

Fin de limitation de vitesse

Fin d'interdiction de dépasser

Fin de toutes les interdictions signalées

- Il y a des panneaux d'obligation et de fin d'obligation.

Obligation de tourner à droite

Chemin obligatoire pour piétons

Fin de chemin obligatoire pour piétons

Le code de la route, c'est aussi pour les piétons !

Je fais le point 5

1 Je connais les lettres.

a b c d e f g h i
j k l m n o p q r
s t u v w x y z

2 Je connais les syllabes.

gna gnon tien coin oui sui ell enn err

ess ett tion spa sta spé sco stu spec

xi → taxi xa → Xavier

ex → exact ex → exploit

w → kiwi w → wagon

3 Je sais lire les mots.

kla-xon → klaxon cham-pi-gnon → champignon

hui-le → huile té-moin → témoin

cy-gne → cygne na-ta-tion → natation

belle	attention	la paresse	une sucette
stop	le musicien	un parapluie	une montagne
fixe	une ficelle	la serrure	une antenne
le renne	un western	l'exercice	une commission
la tresse	un cycliste	un sandwich	un enseignant

4 Je sais lire le texte.

– Que vas-tu faire pendant les vacances ? demande Lila à Marine.
– M'exercer à jouer du saxophone, faire des promenades à bicyclette et bien me reposer, répond Marine. Et toi?
– Moi, réplique Lila, maintenant que je sais lire et écrire, je vais inventer plein d'histoires et écrire mon premier livre.

Je comprends et je réponds.

- Que demande Lila à Marine ?
- Qui va jouer du saxophone ?
- Qui veut écrire un livre ?
- Et toi, qu'aimerais-tu faire pendant les vacances ?

5 Je sais faire une phrase avec ces mots et je la recopie.

Alexandre | Juliette | Yves | Stéphane

va | vont

accompagner | dessiner | s'exercer | boire | jouer

un | une | leur | son | au | la | et | du

chien. | saxophone. | potion. | wagon. | pyramide. | piano.

6 Je sais trouver le mot de sens opposé.

Le marié est laid. → Le marié est ...
Omar a reçu un cadeau. → Omar a ... un cadeau.
Lila a chaud. → Lila a ...

Crédits des textes

Crédits des illustrations

Bérengère Delaporte : toutes les illustrations des personnages de la méthode :
Lila, Élio, Marine, Omar et Pacha le chat.
Olivia Cosneau : p. 12, p. 46, p. 78, p. 138
Pierre Fouillet : p. 24, p. 74, p. 104, p. 134, p. 144 et grandes scènes p. 32, p. 64
Mélanie Grandgirard : p. 16, p. 42, p. 52, p. 108, p. 138
Hélène Moreau : p. 20, p. 38, p. 90, p. 124
Fred Multier : p. 8, p. 28, p. 56, p. 60, p. 70, p. 94, p. 112

Illustration de la p. 120 : extrait de l'ouvrage : *Babar Jardinier* © 1966, Hachette Jeunesse, Laurent de Brunhoff.
Illustration et texte p. 143 et p. 148 : Droits papier : « Je quitte la maison » in *Le petit Nicolas* de Sempé/Goscinny © éditions Denoël, 1960, 2002. Droits électroniques : © IMAV éditions/Goscinny-Sempé.
Couverture de la page p. 142 : Rascal, *Le petit chaperon rouge* © L'école des loisirs, Paris, 2002.
Couverture de la page p. 143 : Jo Hoestlandt, *Mémé, t'as du courrier* © Éditions Nathan, 2006.
Illustration p. 152 : extrait de l'ouvrage : *Madame Catastrophe* © 1966
Mr Men and Little Miss™ and © 1984, The Heargeaves Organisation (a Chorion Company). Tous droits réservés. © Hachette livre pour la traduction française sous licence The Hargreaves organisation (a Chorion Company). Tous droits réservés.

Punition de la page p. 145 : merci à Lou Bojman d'avoir rédigé la punition avec application.

Crédits photographiques

p. 7a et reprise p. 9h : © Charles Mercier/Fotolia – p. 7j et reprise p. 23 et p. 129a : © Biosphoto/J.-M. Labat & P. Rocher – p. 9 et reprise p. 11 : © Franck Lubasseck/AGE Fotostock/Hoa-Qui/HPP – p. 9d et reprise p. 11e et 13h : © MaksimShebeko/Fotolia – p. 11. © Tyler Stableford/Aurora Outdoor Collection/Getty Images – p. 11 : © Carlos José Pache/AGE Fotostock/Hoa-Qui/HPP – p. 25 : © Wildlife/Andia – p. 41 : © Cristinaciochina/Fotolia – p. 43 : © Aidaricci/Fotolia – p. 45 : © William Sallaz/Duomo/Corbis – p. 47 : © Alamy Images/Photo12.com – p. 53 : © Nancy Falardeau/Fotolia – p. 55 : © BZB/Stone/Getty Images – p. 57b : © Gautier Willaume/Fotolia – p. 63 : © Lili K./Zefa/Corbis – p. 73b : © KasiaBiel/Fotolia – p. 77d : BIS/Jean Dubout © Archives Larbor – p. 77m : © Image Source/Photononstop – p. 77g : © Frank Krahmer/Imagestate/HPP – p. 79d : © Julien Boisard/Bios – p. 99 ht g : © Cécile Treal-Jean-Michel Ruiz/Hoa-Qui/HPP – p. 99 bas d : © Frank Chmura/Imagestate/HPP – p. 105 : © Doug Scott/AGE Fotostock/Hoa-Qui/HPP – p. 116 bas g : © A. Philippon/Explorer/Hoa-Qui/HPP – p. 116 bas d : © Denise Sarlin/Grandeur Nature/Hoa-Qui/HPP – p. 123a : © Bruno Bernier/Fotolia - p. 129f © Aflo Foto/Photononstop – p. 131 : © Tap/HochZwei/Gamma/HPP – p. 135 : © Biosphoto/Julie Pigula/GAP – p. 139 : © Kerioak/Fotolia – p. 149 : © Jean-Paul Garcin/Photononstop – p. 153 : © Auremar/Fotolia

Eliane Weill et Bernard Salmon : pp. 66-67, pp. 84-85
Corel : p. 116 h, p. 117hd, bd
Pour toutes les autres photographies du manuel : © 2007 Jupiter Images Corporation.

Conception : Lambda
Conception de la couverture : Véronique Lefebvre
Illustration de la couverture : Bérengère Delaporte
Conception de la maquette intérieure : Oxygène Multimédia
Mise en page : Michèle Bisgambiglia, Oxygène Multimédia
Coordination artistique : Alexandre Millot et Pierre Taillemite
Édition : Atelier des Noyers
Fabrication : Josiane Nicole
Recherche iconographique : Lucie Poisson pour toutes les photos hors Jupiter

N° éditeur : 10162159 - Dépôt légal : Février 2010
Imprimé en Italie par Rotolito Lombarda

Bonjour, moi c'est LILA.
Nous allons passer l'année ensemble et je vous présente mes amis...
Voici MARINE, l'aventurière de notre bande.
On dit que j'ai beaucoup d'imagination... trop peut-être ?
Voici ÉLIO, mon meilleur ami, même s'il n'a pas très bon caractère.